Peter Kairies

Moderne Führungsmethoden
für Projektleiter

Moderne Führungsmethoden für Projektleiter

Professionelles Projektmanagement – Erfolgsfaktoren – Praxistipps

Dipl.-Ing. Peter Kairies

3. Auflage

Mit 48 Bildern

Kontakt & Studium
Band 512

Herausgeber:
Prof. Dr.-Ing. Dr. h.c. Wilfried J. Bartz
Dipl.-Ing. Hans-Joachim Mesenholl
Dipl.-Ing. Elmar Wippler

Bibliografische Information Der Deutschen Bibliothek

Die Deutsche Bibliothek verzeichnet diese Publikation
in der Deutschen Nationalbibliografie;
detaillierte bibliografische Daten sind im Internet über
http://dnb.d-nb.de abrufbar.

Bibliographic Information published by Die Deutsche Bibliothek

Die Deutsche Bibliothek lists this publication
in the Deutsche Nationalbibliografie;
detailed bibliographic data are available on the Internet at
http://dnb.d-nb.de .

ISBN 978-3-8169-2848-5

3. Auflage 2011
2. Auflage 2007
1. Auflage 2005

Bei der Erstellung des Buches wurde mit großer Sorgfalt vorgegangen; trotzdem lassen sich Fehler nie vollständig ausschließen. Verlag und Autoren können für fehlerhafte Angaben und deren Folgen weder eine juristische Verantwortung noch irgendeine Haftung übernehmen.
Für Verbesserungsvorschläge und Hinweise auf Fehler sind Verlag und Autoren dankbar.

© 2005 by expert verlag, Wankelstr. 13, D-71272 Renningen
Tel.: +49 (0) 71 59-92 65-0, Fax: +49 (0) 71 59-92 65-20
E-Mail: expert@expertverlag.de, Internet: www.expertverlag.de
Alle Rechte vorbehalten
Printed in Germany

Das Werk einschließlich aller seiner Teile ist urheberrechtlich geschützt. Jede Verwertung außerhalb der engen Grenzen des Urheberrechtsgesetzes ist ohne Zustimmung des Verlags unzulässig und strafbar. Dies gilt insbesondere für Vervielfältigungen, Übersetzungen, Mikroverfilmungen und die Einspeicherung und Verarbeitung in elektronischen Systemen.

Herausgeber-Vorwort

Bei der Bewältigung der Zukunftsaufgaben kommt der beruflichen Weiterbildung eine Schlüsselstellung zu. Im Zuge des technischen Fortschritts und angesichts der zunehmenden Konkurrenz müssen wir nicht nur ständig neue Erkenntnisse aufnehmen, sondern auch Anregungen schneller als die Wettbewerber zu marktfähigen Produkten entwickeln.

Erstausbildung oder Studium genügen nicht mehr – lebenslanges Lernen ist gefordert! Berufliche und persönliche Weiterbildung ist eine Investition in die Zukunft:
- Sie dient dazu, Fachkenntnisse zu erweitern
  und auf den neuesten Stand zu bringen
- sie entwickelt die Fähigkeit, wissenschaftliche Ergebnisse
  in praktische Problemlösungen umzusetzen
- sie fördert die Persönlichkeitsentwicklung und die Teamfähigkeit.

Diese Ziele lassen sich am besten durch die Teilnahme an Seminaren und durch das Studium geeigneter Fachbücher erreichen.

Die Fachbuchreihe *Kontakt & Studium* wird in Zusammenarbeit zwischen der Technischen Akademie Esslingen und dem expert verlag herausgegeben.

Mit über 700 Themenbänden, verfasst von über 2.800 Experten, erfüllt sie nicht nur eine seminarbegleitende Funktion. Ihre eigenständige Bedeutung als eines der kompetentesten und umfangreichsten deutschsprachigen technischen Nachschlagewerke für Studium und Praxis wird von der Fachpresse und der großen Leserschaft gleichermaßen bestätigt. Herausgeber und Verlag freuen sich über weitere kritisch-konstruktive Anregungen aus dem Leserkreis.

Möge dieser Themenband vielen Interessenten helfen und nützen.

Dipl.-Ing. Hans-Joachim Mesenholl   Dipl.-Ing. Elmar Wippler

Inhalt

	Vorwort	1
1.	**Die Bedingungen für den Projekterfolg werden schwieriger**	**2**
1.1	Welche Fallen Sie bei der Projektführung unbedingt vermeiden sollten	2
2.	**Welche Merkmale erfolgreiche Projekte gemeinsam haben**	**6**
2.1	Am Anfang des Projekterfolgs steht der feste Entschluss	6
2.2	Investieren Sie genug Zeit in die Abstimmung der Projektziele	9
2.2.1	So erstellen Sie ein markt- und kostenorientiertes Anforderungsprofil	10
2.3	Ihr Projekt ist ein Unternehmen auf Zeit	18
2.3.1	Der Projektleiter bestimmt maßgeblich den Projekterfolg	21
2.3.2	Stellen Sie Ihr Team zusammen	22
2.3.3	Mitarbeiter im Projektteam	22
2.3.4	Externe Dienstleister richtig einsetzen	23
2.3.5	Auftraggeber	24
2.3.6	Wenn es zu Engpässen kommt: Projektlenkungsausschuss	24
2.4	Das Kick-off-Meeting ist der entscheidende Start	25
2.5	Warum jedes Projekt einen Projektplan benötigt	27
2.5.1	Schaffen Sie Transparenz für Ihr Projekt: Visualisierungsmethoden	30
2.6	Sorgen Sie für einen effizienten Informationsfluss	35
2.7	Projektreports und Dokumente	37
2.8	Wie Sie die Wirtschaftlichkeit des Projekts sichern	42
2.8.1	Mit der marktorientierten Funktionsanalyse optimieren Sie die Produktkosten	47
2.8.2	Bewertung von Produktideen mit INNOplan	49
2.9	Projektcontrolling: Überwachen und steuern Sie Ihr Projekt	56
2.10	Identifizieren Sie Projektrisiken rechtzeitig	57

2.11	Führen Sie Ihr Team	59
2.11.1	Die 5 „F" des Führens von Projektteams	61
2.11.2	Ein guter Projektleiter ist ein unbequemer Projektleiter	63
2.11.3	Sie kommunizieren immer auf zwei Ebenen	66
2.11.4	Bewerten Sie sich selbst: Mein Profil als Projektleiter	70
2.11.5	Wodurch Ihr Führungsverhalten geprägt wird	72
2.11.6	Welche Führungsaufgaben Sie als Projektleiter unbedingt wahrnehmen sollten	78
2.11.7	Projektleiter: Beispiel für eine Stellenbeschreibung	83
2.12	So funktioniert Ihre Teamarbeit besser	85
2.12.1	Vermeiden Sie sequenzielles Vorgehen von Instanz zu Instanz	86
2.12.2	Teamarbeit verkürzt den Zeitbedarf Ihres Projekts	87
2.12.3	Wie lässt sich durch professionelle Projektarbeit die Dauer verkürzen?	88
2.12.4	Woran die meisten Projekte scheitern	91
2.12.5	Das Gehirnmodell	92
2.12.6	Was Sie von Projektmitarbeitern erwarten sollten	98
3.	**Das gelungene Projektmeeting**	**99**
3.1	Vor dem Meeting	99
3.2	Während des Meetings	100
3.3	Nach dem Meeting	102
3.4	Checkliste: Das gelungene Projektmeeting	102
3.5	Sparen Sie Zeit mit Online-Protokollen	103
3.6	Zu viele Aufgaben. Zu wenig Zeit. 10 Tipps für mehr Zeit	106
3.7	So moderieren Sie souverän	107
4.	**So motivieren Sie Ihr Team**	**109**
4.1	So motivieren Sie Ihr Team *nicht* !	109
4.2	Erkennen Sie Ihre eigenen Motivatoren und die Ihrer Projektmitarbeiter	110
4.3	Sanfter Druck kann helfen	116
4.4	Acht Tipps, wie Sie als Projektleiter motiviert bleiben	118
5.	**Wenn die Ideen fehlen**	**119**
5.1	Vier Phasen des Problemlösungsprozesses: Vom Problem zur Lösung	119
5.2	Brainstorming: Die 77ste Idee ist die Beste	120
5.3	Die 635-Methode: Unter Druck geht es besser	122
5.4	CNB-Methode: Collective Notebook	123

5.5	Delphi-Methode: Wenn Sie nichts wissen und trotzdem eine präzise Antwort benötigen	124
5.6	Morphologischer Kasten: Produkte verbessern	125
6.	**Wie Sie schwierige Situationen im Projekt meistern**	**127**
7.	**Schließen Sie Ihr Projekt offiziell ab**	**134**
8.	**Die Regeln der erfolgreichen Projektleiter**	**135**
8.1	Erfolg motiviert! Zehn persönliche Tipps	137
9.	**Gesammelte Tipps**	**139**
10.	**Gesammelte Checks**	**141**
11.	**Motivations-Toolbox**	**144**
12.	**Weiterführende Literatur**	**145**
	Stichwortverzeichnis	**146**

Vorwort

Projekte müssen termin-, markt-, kosten-, und qualitätsgerecht abgewickelt werden. Ein gut funktionierendes Projektmanagement ist eine wichtige Voraussetzung dafür. In vielen Unternehmen wird der Erfolgsfaktor „Mensch" unterschätzt. Herausragende Projekterfolge sind nicht das Ergebnis starrer Abläufe. Projekterfolge werden von Menschen generiert. Menschen, die Motivation, Begeisterung und außergewöhnliches Engagement zeigen. Ziel dieses Buches ist es, nicht nur Systematik und Methoden des Projektmanagements aufzuzeigen. Es beleuchtet vor allem die psychologischen Hintergründe und wird Sie unterstützen, Projekte noch souveräner zum Erfolg zu führen. Dabei steht das Thema „Moderne Führung" im Mittelpunkt.

In meiner langjährigen Praxis als Berater, Trainer und Coach habe ich mehr als 120 Unternehmen kennen gelernt und mehr als 210 Projekte analysiert. Dabei habe ich immer wieder nach den Regeln der Erfolgreichen gesucht: Was tun erfolgreiche Projektleiter anders als die anderen? Was ist wirklich der ausschlaggebende Unterschied? Das Erstaunliche: Erfolgreiche Projekte lassen sich auf 12 entscheidende Erfolgsursachen zurück führen. Der rote Faden: Es geht in allen Punkten um Menschen und Führung. Projekte scheitern nicht an der Technik, sondern am Menschen. Projekterfolg ist das Ergebnis richtiger Entscheidungen und engagierten Handelns. Nur 25 % des Projekterfolgs basiert auf Fachwissen. Viel wichtiger als Fachwissen ist für Projektleiter die Fähigkeit, Menschen zu führen.

Das vorliegende Buch wird Ihnen die entscheidenden Erfolgsursachen näher bringen. Sie werden Projekte zukünftig noch souveräner zum Erfolg bringen. Checklisten und Tipps helfen Ihnen, das Gelernte sofort in die Praxis umzusetzen. Beispiele motivieren Sie, die Brücke vom Wissen zum Tun zu schlagen. Haben Sie den Mut, neue Wege auszuprobieren. Freuen Sie sich auf Ihr nächstes Projekt.

Ich wünsche Ihnen viel Spaß und Erfolg, wann immer Sie Projekte leiten.

Besonderer Dank gilt dem Engagement meiner Assistentin Cornelia Saam, die mich bei der Ausarbeitung dieses Buchs unterstützt hat.

1. Die Bedingungen für den Projekterfolg werden schwieriger

Schauen Sie manchmal in den Stellenteil von Tageszeitungen? Vielleicht auch mal in Stellenangebote im Internet? Wissen Sie, welche Qualifikationen (nicht Positionen) in den letzten Jahren am häufigsten gefragt wurden? Natürlich ist neben Fachwissen praktische Erfahrung vorteilhaft, aber zunehmend werden Sie in Stellenangeboten persönliche Anforderungen finden: „Teamfähigkeit", „Flexibilität", „Fähigkeit Projekte zu führen" „Motivation von Mitarbeitern" usw. Verschärfter Wettbewerb und Kostendruck haben in den letzten Jahren dem Thema Projektmanagement einen wahren Boom beschert. Die Nachfrage nach Fach- und Führungskräften, die in der Lage sind, Projekte zum Erfolg zu führen, hat sich in den letzten 5 Jahren nahezu verdoppelt.

Viele Firmen versuchen sich gegen Konkurrenten und stagnierenden Absatz zu wehren, indem sie mit neuen Produkten und Systemlösungen auf den Markt drängen. Innovationsfähigkeit ist in der heutigen Zeit einer der entscheidenden Erfolgsfaktoren. Innovativ zu sein geht weit über Grenzen der Produktentwicklung hinaus: Sich in Richtung Systemanbieter zu entwickeln, sich mit neuen Dienstleistungen vom Wettbewerb abzuheben, seinen Marktauftritt zu verbessern und „Time to Market" zu verkürzen.

Um Projekte unter Zeit- und Kostendruck zum Erfolg zu bringen, reicht es nicht aus, technische Kompetenz zu haben. Es erfordert Menschen, die etwas bewegen können, die in der Lage sind, als Projektleiter Verantwortung zu übernehmen und andere Menschen erfolgreich zu führen. Aber genau hier existiert ein großer Mangel in vielen Firmen. Es gibt zu wenig Führungspersönlichkeiten. Es fehlen Projektleiter, die motiviert und begeistert andere mitreißen, die Menschen führen können, die zielorientiert und effizient Projekte zum Erfolg bringen.

1.1 Welche Fallen Sie bei der Projektführung unbedingt vermeiden sollten

Herr Salesmann ist im Außendienst der Firma Intellimaschine AG tätig. Er ist zur Angebotsbesprechung bei einem neuen Kunden. „Herr Salesmann", sagt der Kunde, „vielen Dank für die kompetente Erläuterung Ihres Angebotes. Bitte beantworten Sie mir noch einige Fragen: Wie ich bereits erläutert habe, stehen wir sehr unter Termindruck. Deshalb erwarte ich von Ihnen absolute

Pünktlichkeit für alle Lieferungen. Geht das?" „Ja! Natürlich, Herr Kundemann. Pünktlichkeit ist bei uns selbstverständlich." „Wir erwarten von Ihnen viel Weitsicht. Wir wissen z. Zt. zwar noch nicht genau, wie wir die zu liefernden Maschinen spezifizieren werden, aber den Termin müssen Sie trotzdem einhalten." „Ja! Natürlich, Herr Kundemann. Termine einzuhalten ist kein Problem für uns. Lassen Sie sich nur Zeit." „Und noch etwas. Möglicherweise wird sich die Spezifikation der Maschine vor Auslieferung noch einmal ändern. Wir erwarten von Ihnen in diesem Fall Flexibilität." „Ja! Natürlich, Herr Kundemann. Flexibilität ist eine unserer Stärken." „Wir sind sehr unter Kostendruck, Herr Salesmann. Können Sie uns garantieren, dass der Festpreis Ihres Angebotes trotzdem unverändert bleibt?" „Ja! Natürlich, Herr Kundemann. Festpreisgarantien sind bei uns üblich."

Nach weiteren Zugeständnissen erhält Herr Salesmann den Auftrag.

Der Konstrukteur Herr Projektleiter wird zum Projektleiter ernannt. Er setzt sich unverzüglich mit Herrn Salesmann zusammen und fragt nach dem Lastenheft. „So etwas gibt es bei diesem Auftrag nicht", meint Herr Salesmann. „Wir benötigen genaue Vorgaben, sonst können wir mit der Konstruktion nicht starten." „Das ist Ihr Problem" erwidert Herr Salesmann, „Sie sind Projektleiter, nicht ich. Meine Aufgabe ist es, Aufträge reinzuholen, damit Sie beschäftigt sind. Genau das habe ich erreicht. Jetzt sind Sie an der Reihe. Freuen Sie sich darauf."

Abb.1.1 Geistige Mauern zwischen den Abteilungen behindern den Informationsfluss und führen zu teuren Produkten.

Herr Projektleiter schluckt und schweigt. Er versucht sein Bestes. Einige Zeit später bindet er die Engineering-Abteilung ein. Dort rauft man sich verzweifelt die Haare. „Wie sollen wir mit so unqualifizierten Vorgaben klar kommen?" Weitere Wochen später wird die Fertigung alarmiert: „Es steht ein ganz eiliger Kundenauftrag an." Dort schwankt man zwischen Aggression und Frustration. „Wir müssen wieder ausbaden, was die Konstrukteure verbockt haben." In der Zwischenzeit teilt der Kunde Herrn Salesmann die genauen Spezifikationen mit. Herr Salesmann verteilt per Email die Spezifikation an alle Betroffenen, vergisst aber versehentlich Herrn Projektleiter. Er vermerkt: „Wichtiger Kunde. Unbedingt Liefertermin einhalten!!!" Wie es nun weitergeht, können Sie sich sicherlich denken. Der Termin wird nicht eingehalten. Herr Salesmann beschwert sich massiv beim Vorstand. Der bittet Herrn Projektleiter zu sich und stellt ihn kräftig in den Senkel! „Es ist mir unbegreiflich. Seit drei Jahren gibt es in unserer Organisation Projektleiter. Und noch immer werden Termine verschoben. Was tun Sie eigentlich den ganzen Tag, Herr Projektleiter? Ist Ihnen bewusst, dass es so nicht weiter gehen kann? Ich erwarte von Ihnen ab sofort täglich einen detaillierten Statusbericht über alle laufenden Projekte. Haben Sie mich verstanden?"

Herr Projektleiter schluckt und schweigt.

Was ist falsch gelaufen? Was hätten Sie anders getan?

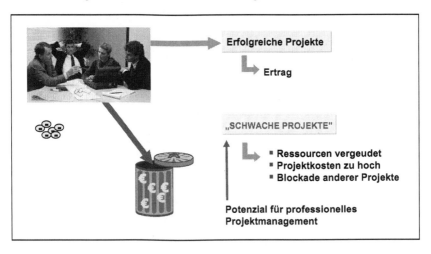

Abb. 1.2 Fehler bei der Projektabwicklung verursachen hohe Kosten. Projekte scheitern nicht an der Technik sondern am Menschen.

Vermeiden Sie unbedingt die typischen Projektfallen:
- Unklare Ziele
- Schnellschüsse
- Lückenhafte Anforderungsprofile
- Unvollständige Pflichtenhefte
- Unrealistische Terminpläne
- Wenig fundierte Kostenschätzung
- Starres Abteilungsdenken
- Unstrukturierte Projektmeetings
- Geringe Eigenverantwortlichkeit
- Tagesgeschäft blockiert
- Zu wenig Zeit für ausführliche Feldtests
- Nachgeschobene Änderungen
- Kein konsequentes Kosten-, Fortschritts- und Termin-Controlling.
- Keine Konsequenz bei Entscheidungen
- Mangelhafte Kommunikation
- Der Glaube: Jeder weiß, was er zu tun hat. Das wird schon funktionieren
- Führungsschwäche
- Schuldige suchen statt Lösungen

Es gibt viele fachlich qualifizierte, fleißige, und gewissenhafte Projektleiter, die sich sehr anstrengen, aber es doch zu nichts bringen. Warum? Weil sie die Kunst des Führens nicht wirklich beherrschen! Nur 25 % des Projekterfolgs basieren auf Fachwissen. Viel wichtiger als Fachkenntnisse sind persönliche Eigenschaften und das richtige Verhalten, wie z. B. Projektmitarbeiter souverän führen zu können, Moderationsfähigkeit, Begeisterungsfähigkeit, Auftreten, Überzeugungskraft, „Nein" sagen können, Erwartungen klar aussprechen und „Vitamin B". B steht für Beziehungen. „Beziehungen sind der halbe Projekterfolg". Beziehungen können mehr Ressourcen schaffen und zu schnelleren Entscheidungen führen. Vor allem brauchen Sie motivierte Menschen, die konsequent Projektziele in die Tat umsetzen.

Manche Projektleiter bewegen sich auf eingelaufenen Trampelpfaden. Der Trampelpfad gibt ihnen eine gewisse Vertrautheit, aber er versperrt den Blick für neue Chancen und Erfahrungen. Haben Sie den Mut, neue Wege auszuprobieren. Freuen Sie sich auf Ihr nächstes Projekt.

Nicht weil manche Projekte schwierig sind, wagen wir sie nicht, sondern weil wir sie nicht wagen, werden sie schwierig.

2. Welche Merkmale erfolgreiche Projekte gemeinsam haben

2.1 Am Anfang des Projekterfolgs steht der feste Entschluss

In meiner langjährigen Praxis als Berater, Trainer und Coach habe ich mehr als 120 Unternehmen kennen gelernt. In diesen Unternehmen habe ich über 210 Projekte analysiert und einige davon gecoacht. Dabei habe ich äußerst erfolgreiche Projekte miterlebt, die sehr gut geführt wurden. Die gesteckten Termin-, Kosten- und Projektzielen wurden trotz schwieriger Bedingungen prompt erreicht. Aber leider musste ich auch Projekte kennen lernen, die schwach geführt und sehr frühzeitig durch zahlreiche Unwegsamkeiten gebremst wurden, Projekte, die abgebrochen wurden, oder auch Projekte, die einfach nicht zum Erfolg gebracht werden konnten.

Was gibt wirklich den entscheidenden Ausschlag? Was unterscheidet die erfolgreichen von den erfolglosen Projekten? Vielleicht haben Sie selbst Erfahrungen mit Top-Projekten und ggf. mit schlechten Projekten gewonnen. Bitte denken Sie doch einmal kurz darüber nach: Welches Projekt ist Ihnen als besonders erfolgreich im Gedächtnis geblieben? Was hat man in diesem Projekt im Vergleich zu den schwachen Projekten anders gemacht? Wie war die Teamzusammensetzung? Wie war die Motivation? Wie gut waren z. B. die Ziele definiert und kommuniziert? Wie gut war die Zusammenarbeit. Wie hat sich der Projektleiter verhalten? Hat er sein Team erfolgsorientiert geführt? Gab es regelmäßige Meetings? Und was waren Ihrer Meinung nach wirklich die Ursachen für den Projekterfolg?

Das Erstaunliche ist, erfolgreiche Projekte haben meist 12 Merkmale gemeinsam: 12 Erfolgsursachen, die im Laufe der Projektarbeit konsequent umgesetzt werden. Welche Merkmale sind das?

Sie finden im Anhang dieses Buches eine Checkliste in der die wichtigsten Erfolgsfaktoren kompakt zusammengefasst sind. Wir werden im nachfolgenden diese Merkmale besprechen. So gewinnen Sie den richtigen Fokus für Ihre Projekte und konzentrieren sich auf das Wesentliche.

> **Tipp:** Bringen Sie Ihr Projekt auf Erfolgskurs, indem Sie die praktischen Tipps konsequent anwenden.

☑ **1. Check:** Sie finden zu jedem Abschnitt dieses Buches einen oder mehrere Checks. Sollten Sie z. Zt. ein Projekt leiten, helfen Ihnen diese Checks festzustellen, wie die Erfolgsaussichten Ihres Projektes sind und was Sie verbessern sollten. Im Anhang dieses Buches finden Sie diese Checks noch einmal kompakt zusammengefasst.

Wie schätzen Sie die Erfolgsaussichten für folgendes Projekt ein?

1. Es gibt einen **Projektleiter**, dem dieses Projekt „aufs Auge gedrückt" wurde. Eigentlich weiß er gar nicht so recht, was von ihm verlangt wird, und er kann sich nicht so recht für dieses Projekt begeistern. Anders gesagt, er hat auch innerlich noch keine feste Entscheidung getroffen, ob er sich für dieses Projekt wirklich engagieren möchte und kann. Diese innere Unsicherheit sieht ihm jeder an. Sein Auftreten ist „schwach".

2. Dieser Projektleiter hat ein **Team**. Das Team allerdings ist nicht besonders motiviert. Man hat schon genügend Projekte in der Firma und nun muss man noch ein weiteres Projekt bearbeiten, an dem man zweifelt, ob es überhaupt erforderlich ist. Das schmeckt natürlich diesen Projektteam-Mitgliedern nicht besonders. Und deshalb ist auch das Engagement und die Bereitschaft, sich für dieses Projekt voll einzusetzen, sehr bescheiden.

3. Das Projekt hat keine klaren **Ziele**. Es existieren keine schriftlich fixierten Vorgaben. Es gibt Wünsche, es gibt Erwartungen, es gibt Äußerungen, aber es gibt kein Pflichtenheft, keine Beschreibung der Projektziele.

Und nun noch einmal die Frage: Wie schätzen Sie die Erfolgsaussichten für dieses Projekt ein?

Richtig, Sie werden die Erfolgsaussichten als sehr gering einschätzen. Warum eigentlich? Denken Sie mal kurz darüber nach. Welche Schlussfolgerung können Sie für eigene Projekte daraus ziehen? Zum Beispiel könnte Ihre Schlussfolgerung sein: Noch bevor Sie Ziele mit Ihrem Team detaillieren und bevor Sie das Kick-off-Meeting durchführen, sollten Sie als Projektleiter erst einmal eine Entscheidung treffen. Räumen Sie Bedenken aus und fassen Sie den festen Entschluss: Ich möchte das Projekt zum Erfolg bringen! Nur wer innere Entschlusskraft zeigt, kann andere führen. „**Überzeuge dich selbst und du überzeugst auch andere**".

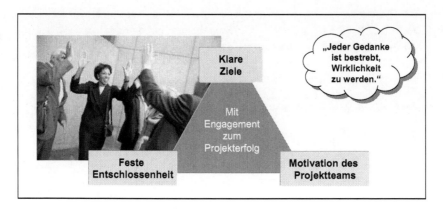

Abb.2.1 Der Projekterfolg startet im Kopf. Am Anfang steht der feste Entschluss: „Ich will das Projekt zum Erfolg bringen".

Sie kennen das sicherlich auch aus anderen Situationen Ihres Lebens: Wenn Sie keine klaren Entscheidungen treffen, wenn Sie keinen wirklich festen Entschluss fassen, dann schwanken Sie hin und her. Sie werden mal in die eine, mal in die andere Richtung tendieren und werden viel Zeit vergeuden. Vielleicht werden Sie unbewusst sogar nach Gründen suchen, warum das ganze Projekt gar nicht funktionieren kann. Jeder Gedanke ist bestrebt, Wirklichkeit zu werden, ob positiv oder negativ. Wie kann ein Projektleiter Motivation und Engagement bei anderen bewirken, wenn er selber zögert?

Deshalb treffen Sie eine klare Entscheidung: Wollen Sie sich für dieses Projekt engagieren und es wirklich zum Erfolg bringen?

Sie können sich als Projektleiter mit sehr vielen Methoden, Tools, Prozessen, Abläufen und vielfältigen sachlichen Aspekten der Projektarbeit auseinandersetzen. Am Anfang des Projekterfolgs steht immer der feste Entschluss: „Ich will das Projekt zum Erfolg führen!" Sie tun es nicht nur für Ihre Firma, sondern auch für sich selbst. Jedes Erfolgserlebnis macht Sie stärker, selbstbewusster und fähiger, Projekte zum Erfolg zu bringen. Diese Fähigkeit ist eine zukunftssichere Schlüsselqualifikation.

> ☑ **2. Check:** Haben Sie den festen Entschluss gefasst: „Ich will das Projekt zum Erfolg bringen"?

2.2 Investieren Sie genug Zeit in die Abstimmung der Projektziele

Wenn Sie sich konsequent entschieden haben und sich ab sofort für Ihr Projekt mit Begeisterung engagieren, sollten Sie sich jetzt mit den Projekt-Rahmenbedingungen und den Projekt-Zielen beschäftigen. Was zählt zu den Rahmenbedingungen?

Vielleicht haben Sie etwas Ähnliches erlebt, Sie befinden sich in der dritten Projektsitzung. Ein Teammitglied stellt folgende kritische Frage: „Was ist eigentlich Sinn und Zweck dieses neuen Projekts?". „Warum brauchen wir denn dieses neue Produkt überhaupt?". „Ich kann den Nutzen für die Firma nicht erkennen." Machen Sie sich selbst und Ihrem Team klar: „Warum soll dieses neue Produkt entwickelt werden?" Was ist die Begründung und welcher Nutzen steht dahinter. Vielleicht finden Sie neben dem Nutzen für die Firma auch einen motivierenden Nutzen für jedes Teammitglied. Denken Sie daran, wenn Sie Ihr Projekt mit dem Kick-off-Meeting starten: Wollen Sie Projektmitarbeiter motivieren, dann gelingt Ihnen dieses nur dann, wenn Sie auch ein WARUM beantworten können. Warum ist dieses Projekt so bedeutungsvoll? Warum ist es so wichtig das Projekt zum Erfolg zu bringen? Kein Mitarbeiter hat Lust, sich für ein unwichtiges nutzloses Projekt zu begeistern. **Wer ein starkes „Warum" hat, verträgt auch jedes „Wie".**

☑ **3. Check:** Wie zufrieden sind Sie mit der Kommunikation des Projektnutzens? Bitte beschreiben Sie kurz den besonderen Nutzen Ihres Projekts. Warum ist dieses Projekt so wichtig? Was macht es für die Projektmitarbeiter so wichtig?

Sie sollten nicht nur als Projektleiter offiziell autorisiert werden, sondern auch das Projekt offiziell starten. Projektgenehmigung, Festlegung des Projektleiters und Meilensteine des Projekts sind sicherlich in Ihrer Prozess-Organisation definiert. Einige wenige Formalitäten sind für eine erfolgreiche Projektführung unabdingbar, z. B. der Projektauftrag. Je nach Umfang des Projekts werden Sie eine erste Aufwandsabschätzung abgeben, und vielleicht werden Sie eine Feasibility-Studie, mit der Sie die Machbarkeit des Projekts prüfen, vorlegen müssen. Üblich ist auch die Präsentation eines Anforderungsprofils vor dem Entscheidergremium.

Wenn Sie die Zielvorgaben des Projekts vom Auftraggeber erhalten, prüfen Sie kritisch, ob Sie die Grobziele wirklich verstanden haben. Stimmen Sie sich auch im weiteren Projektverlauf mit Ihrem Auftraggeber hinreichend ab, so dass Sie auf jeden Fall die richtigen Ziele ansteuern. Geben Sie Ihrem Projekt einen Namen. Wählen Sie keine Produktnamen, z. B. „X-Y-Alpha Version B2-3a". Geben Sie Ihrem Projekt besser einen wohl klingenden Namen, den man sich gut merken kann, z.B. Phoenix, Banda, Prometheus o. a..

Machen Sie sich und Ihrem Team klar, welche Rahmenbedingungen Sie unbedingt beachten müssen, z.b. gibt es entsprechende Budgetvorgaben, Zielherstellkosten, Ressourcenvorgaben, Abbruchkriterien und wie wichtig ist die Einhaltung des Fertigstellungstermins? Muss bei Terminüberschreitung dem Kunden eine Pönale gezahlt werden? Soll das neue Produkt auf einer bestimmten Messe präsentiert werden?

☑ **4. Check:** Haben Sie alle relevanten Rahmenbedingungen geklärt und mit allen Beteiligten abgestimmt?

2.2.1 So erstellen Sie ein markt- und kostenorientiertes Anforderungsprofil

Nehmen wir als Projektbeispiel die Entwicklung eines neuen Produkts. In diesem Fall ist es sinnvoll, für den Projektbeginn 3 Phasen zu unterscheiden.

1. Die Ideenfindung
2. Die Definition des Anforderungsprofils
3. Die Definition des Pflichtenhefts

Für die Entwicklung neuer Produkte sollten Sie als Projektleiter von Anfang an sehr eng mit dem Produktmanager zusammenarbeiten. In vielen Unternehmen hat es sich als sinnvoll herausgestellt, dass Produktideen im Produktmanagement „gesammelt" werden. Diese Produktideen und Anforderungen werden vom zuständigen Produktmanager erfasst und einer ersten Grobbewertung unterzogen. Vielleicht strukturiert er diese Produktideen auch in einer Produktideen-Datenbank.

Woher kommen solche Produktideen? Nun, sehr viele Produktideen können durch Marktbeobachtung, durch Gespräche mit Kunden oder durch Anfragen von Kunden initiiert werden. Aber auch Beobachtung des Wettbewerbs sowie Untersuchung von Wettbewerbsprodukten können Auslöser für neue Produktentwicklungen und Produktverbesserungen sein. In manchen Unternehmen werden Workshops durchgeführt, z.b. mit Kunden, mit Lead-Usern, mit Großkunden, OEMs, eventuell mit Focus Groups, in denen neue Bedürfnisse, Trends und aktuelle und zukünftige Anforderungen in Form von Brainstormings zusammengetragen werden.

Eine sehr gute Quelle, um zu kundennutzenorientierten Verbesserungen zu kommen, ist das Sammeln **von Problemen**. Beleuchten Sie den Kundenprozess. Welche Probleme haben Kunden z. B. bei der Auswahl der geeigneten Lösung, beim Bestellen von Produkten, beim Installieren, bei der Inbetriebnahme, bei den ersten Schritten der Nutzung, der Bedienung, bei der weiteren Nutzung bis hin zur Behebung von Störungen und Entsorgung des Produkts? Aber nicht nur Probleme, die Kunden mit Ihren Produkten haben, können aufschlussreich sein, sondern ebenso Probleme, Reklamationen und Schwierigkeiten mit Wettbewerbsprodukten. Nutzen Sie interne Quellen, wie z.B. Ihren Service, Ihren Kundendienst. Binden Sie aber auch von Anfang an Vertriebsmitarbeiter ein. Vielleicht führen Sie einen „Internationalen Workshop" durch, in dem Sie die Kundenanforderungen nach internationalen Gesichtspunkten erfassen. Orientieren Sie den Aufwand aber immer an der Bedeutung des neuen Produktes.

Zu den sehr nützlichen Quellen zählen Win-order- und Lost-order-Analysen. Was bedeutet das?

Stellen Sie sich vor: Zum fünften Mal bekommt ein Wettbewerber einen wichtigen Auftrag. Eigentlich haben Sie erwartet, diesmal den Zuschlag zu bekommen. Leider wieder nichts! Sie glauben, dass Sie diesen Auftrag mit allen Anforderungen sehr gut abwickeln könnten, aber der Kunde entscheidet sich für den Wettbewerb. Was waren die Ursachen, warum hat sich der Kunde für den Wettbewerb entschieden? War es wirklich der Preis? Lag es an der Funktionalität des Produkts? Vielleicht lag es auch daran, dass Sie kein adäquates System anbieten konnten. Was waren also die Ursachen? Welche Key-Buying-Factors haben Sie erfüllt, welche nicht?

Trotz aller marktorientierten Vorgehensweisen, trotz starker Kundenorientierung, die Sie heute in vielen Unternehmen bereits umgesetzt finden, sollten Sie sich mit einer zukunftsweisenden Quelle für innovative Produkte intensiv auseinandersetzen: Neue Technologien. Neue technische Möglichkeiten. Es ist sehr erstaunlich: Wenn man die großen Innovationen der letzten 20 – 30 Jahre genauer analysiert, wird man feststellen, dass etwa 2/3 dieser Innovationen nicht ursächlich auf das Erforschen von Kundenbedürfnissen zurückging, sondern Auslöser waren zunächst neue technologische Möglichkeiten. Und erst im zweiten Schritt hat man gefragt: Wer benötigt denn dieses Produkt? Wer kann mit diesem neuen Feature etwas anfangen und welchen Nutzen bietet es? Aber bitte nicht falsch interpretieren. Kundenbedürfnisse und Marktorientierung stehen immer im Vordergrund.

Also gehören beide Aspekte in die Produktideen-Phase, einerseits zu prüfen, welche neuen technologischen Möglichkeiten sich bieten und zum anderen, welche Marktbedürfnissen, welche Trends und welche Kundenbedürfnisse zu berücksichtigen sind. Es ist die Aufgabe des Produktmanagers, diese Produktideen-Sammlung zu strukturieren und zunächst grob zu bewerten.

Sicherlich werden Sie auch in Ihrer Firma ein Gremium, ein Strategiemeeting oder eine Jahresplanung haben, in der Sie Markttrends und neuen Produktideen besprechen. In der Regel wird man mehr Produktideen haben, als man tatsächlich realisieren kann. Das heißt, es kommt nicht nur darauf an, Projekte richtig umzusetzen, es kommt vor allem darauf an, die kostbaren Entwicklungsressourcen auf die richtigen Projekte zu lenken. Welche Projekte sind erfolgversprechend, haben eine hohe strategische Bedeutung und bringen die beste Kapitalverzinsung, bzw. den besten ROI? Das Innovationsportfolio (z.B. INNOplan, Projektchancen – Wirtschaftlichkeit) kann dabei eine sehr gute Entscheidungshilfe geben.

Sollten sich innerhalb dieser Produktideen einige Projektvorschläge herauskristallisieren, ist es sinnvoll, für das erfolgsversprechendste Projekt ein Anforderungsprofil zu definieren.

Früher wurde dieses „Anforderungsprofil" auch als „Lastenheft" bezeichnet. Der alte Begriff ist etwas verwirrend: Was heißt in diesem Zusammenhang „Last" und dann noch als „Heft". Meine Empfehlung ist, verwenden Sie für diese Vorstufe zum Pflichtenheft besser den aktuellen Begriff Anforderungsprofil.

Woraus besteht das Anforderungsprofil? Es besteht aus zwei Teilen.

1. Businessplan:
Hier werden Zielgruppen, Applikationen, Wettbewerber, strategische Ziele, d. h. vorwiegend Marktaspekte beschrieben. Im Businessplan sollte auch eine erste, grobe Wirtschaftlichkeitsabschätzung enthalten sein, d.h. eine Return-on-invest-Rechnung, zumindest auf der Basis der zu diesem Zeitpunkt verfügbaren Zah-

len. Welche Ressourcen benötigen Sie? Wie hoch werden ca. die Projektkosten sein? Mit welchen Werkzeugkosten müssen Sie rechnen? Wie viel Stück des Produkts werden Sie pro Jahr verkaufen? Mit welchen Durchschnittsrabatten?

Ebenfalls Bestandteil dieses Businessplans sind wichtige Termine, z.B. gewünschte Verfügbarkeit des neuen Produktes. Wann sollte die Vertriebsankündigung sein? Wann sollte die Vertriebsfreigabe sein?

Achtung: Alle Angaben im Anforderungsprofil sind konkrete Forderungen, aber noch nicht verbindlich. Das kommt erst mit dem Pflichtenheft.

2. Beschreibung der Technik.
Worin unterscheidet sich die Beschreibung der technischen Anforderungen im Anforderungsprofil vom Pflichtenheft? Das Anforderungsprofil beinhaltet technische Spezifikationen, technische Randbedingungen, technische Anforderungen, die lösungsneutral beschrieben werden.

Ganz wichtig: Im Anforderungsprofil sollten keine Lösungen vorgegeben werden. Es beantwortet die Frage: **Was** soll das Produkt können? Das Pflichtenheft beschreibt zusätzlich: **Wie** soll das Produkt realisiert werden?

Halten wir also fest: Um entscheiden zu können, ob Sie ein Projekt starten oder nicht, erfordert es qualifizierte Entscheidungsvorlagen. Diese Entscheidungsvorlagen sollten in Form eines Anforderungsprofils vom Produktmanagement zusammengestellt werden. Sobald dieses Anforderungsprofil und damit auch die Entscheidung für den Projektstart gegeben ist, kann jetzt Arbeit als Projektleiter beginnen. Mit dem Start des Projekts übernehmen Sie die Ergebnisverantwortung für das Projekt. Sie als Projektleiter sind verantwortlich für das Erreichen der Projektziele: Die technischen Ziele, Einhalten der Qualität sowie Einhalten der Termine und der Kosten (Projektkosten und Zielherstellkosten). In der folgenden Abbildung finden Sie eine senkrechte gestrichelte schwarze Linie.

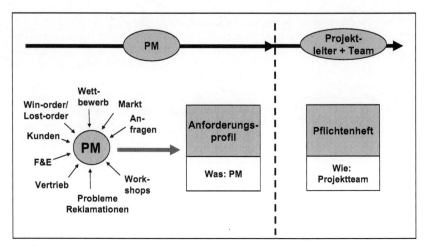

Abb.2.2 Drei-Phasen-Modell der Produktdefinition: Ideengewinnung, Anforderungsprofil, Pflichtenheft. Investieren Sie genügend Zeit in die Abstimmung der Projektziele. Schaffen Sie klare Verantwortlichkeiten (PM: Produktmanager).

Was hat in dem oberen Bild die senkrechte gestrichelte Linie zu bedeuten? Sie kennzeichnet den Zeitpunkt, zu dem Sie als Projektleiter die Verantwortung für das Projekt übernehmen. Sie starten zu diesem Zeitpunkt mit Ihrem Kick-off-Meeting. Nach dem Kick-off-Meeting sollte gemeinsam im Team das Pflichtenheft erarbeitet bzw. abgestimmt werden.

Worin unterscheidet sich das Pflichtenheft vom Anforderungsprofil? Der Business-Teil des Anforderungsprofils wird aktualisiert ins Pflichtenheft übernommen. Was sich im Wesentlichen ändert, ist die Beschreibung der Technik. Im Anforderungsprofil beschreiben Sie lösungsneutrale Anforderungen aus der Sicht des Marktes bzw. des Kunden. Im Pflichtenheft geht es darum, mit allen Verantwortlichen abgestimmte Lösungen zu beschreiben. Sie kennen das sicherlich aus eigenen Pflichtenheften: Teilweise enthält das Pflichtenheft auch Konstruktionszeichnungen und weitere detaillierte Daten.

Tipp: Unterteilen Sie die Produkt-Definitionsphase in die Anforderungsprofil- und Pflichtenheft-Phase.

☑ **5. Check:** Wie zufrieden sind Sie mit der Qualität des Anforderungsprofils?

☑ **6. Check:** Wie zufrieden sind Sie mit der Qualität des Pflichtenhefts?

Wichtig ist, dass Sie in der frühen Phase des Projekts das Pflichtenheft im interdisziplinären Team abstimmen. Das neue Produkt muss nicht nur kosten- und marktgerecht sein, sondern es muss auch produktionsgerecht sein und verschiedenen Qualitätsanforderungen, Vorschriften, Normen usw. entsprechen.

Hierzu gehören auch solche Aspekte wie Schützbarkeit (z.B. Patente) wesentlicher Produktteile dazu.

Die nachfolgende Checkliste zeigt Ihnen beispielhaft, was ein Anforderungsprofil beinhalten sollte.

Checkliste Anforderungsprofil:

1. Markt
1.1 Begründung der Notwendigkeit
- Technik. Markt. Zu lösende Kundenprobleme (Kunden-Nutzen)

1.2 Ziel der Produktentwicklung
- Strategische Ziele. Markt. Technik. Wettbewerb

1.3 Definition der Zielgruppen
- Länder, Marktgrößen (MV, MP)
- Applikationen
- Branchen
- Besondere Großkunden
- Bewertung der Marktattraktivität und Marktchancen
- Prioritäten

1.4 Vergleich mit den Hauptwettbewerbern
- Wettbewerber, Produkte, besondere Stärken/Schwächen, Kundennutzenvergleich
- Preis und Preis/Leistungs-Vergleich

1.5 Produkt-Positionierung
- Im eigenen Programm. Ersetzt/ergänzt welche Produkte?
- Vorteile gegenüber Vorgänger.
- Am Markt/gegenüber Wettbewerb

1.6 Vertriebswege

1.7 Service und sonstige Dienstleistungen

1.8 Argumentation
- Hauptargumente, USP, Nutzen

2. Kosten
2.1 ROI-Rechnung/Wirtschaftlichkeit
- Target price (Zu erzielender durchschnittlicher Marktpreis)
- Ziel-Herstellkosten als Vorgabe für die Entwicklung.
- Erwartete Produktlebenszeit (PLZ). Entwicklungskosten und sonstige Kosten
- Geschätzte Stückzahlen. Nettoumsatz/Deckungsbeiträge für das 1. bis n. Jahr der PLZ
- Gesamtergebnis: Gesamtstückzahl, Umsatz und DB, Break-even-Menge, Pay-off-Zeit

3. Technik
3.1 Technisches Konzept (Kurze Beschreibung)
3.2 Funktionalität (Liste mit Anforderungsdaten)
3.3 Umgebungsbedingungen
3.4 Vorschriften/Zulassungen
3.5 Dokumentationen

4. Termine und Meilensteine
Markteinführungsstart, Vertriebsankündigung, Freigabe und Verfügbarkeit

Zum ersten Punkt „Markt" gehört die Begründung der Notwendigkeit. Hier sollten wirtschaftliche Aspekte als Konsequenzen der Notwendigkeit aufgeführt werden. Ob es nun technische Gründe sind, ob Kundenprobleme zu lösen sind, ob Schwächen der Vorgängerprodukte zu verbessern sind, die Auswirkungen sollten immer an Hand von Umsatz und Ertrag bzw. Deckungsbeitrag dargestellt werden.

Im Punkt „Ziel der Produktentwicklung" geht es darum aufzuzeigen, welche strategischen Ziele man mit diesem Produkt verfolgen möchte. Vielleicht wollen Sie neue Märkte gewinnen, z.B. Branchen, Länder, Regionen. Vielleicht wollen Sie aber auch einen bestimmten Wettbewerber verdrängen oder mit einem großen Wettbewerber gleichziehen. Denken Sie auch daran, dass Sie die Zielgruppen nicht nur definieren, sondern auch priorisieren: Welches sind die Schwerpunktländer? Auf welche wichtigen Großkunden muss man achten? Dies ist ganz besonders wichtig für das spätere Definieren der Produktanforderungen. Sie haben bestimmt nicht das Ziel, die „eierlegende Wollmilchsau" zu produzieren. Sie möchten ein „schlankes", gut verkaufbares Produkt mit marktgerechten Preisen entwickeln.

Vergleichen Sie auch Ihre Produktidee mit bereits vorhandenen Lösungen. Womit arbeiten typische Kunden heute? Welche Wettbewerber bieten welche Lösungen an? Wie zufrieden sind Kunden mit den verschiedenen Produkten?

Das sind allerdings Informationen, die nicht Sie als Projektleiter bringen müssen, sondern Informationen, die z. B. vom Produktmanager über den Vertrieb oder mit Kunden direkt eruiert werden müssen.

Im Punkt 1.5 „Produktpositionierung" geht es darum, wie neue Produkte im eigenen Produktsortiment positioniert werden, z.b. ob das neue Produkt vorhandene Produkte ersetzt. Wenn ja, welche? Muss Kompatibilität gewährleistet sein? Es ist auch sinnvoll, bereits in der Anforderungsprofil-Phase über Vertriebswege nachzudenken. Denn bitte: Was hilft Ihnen das beste Produkt, wenn Sie es in verschiedenen Ländern nicht vertreiben können, weil dort die Vertriebswege fehlen. Gehen Sie davon aus: Je beratungsintensiver ein Produkt ist, desto qualifizierter muss auch der Verkäufer sein.

Und an eine Frage sollten Sie ganz besonders denken. Die kritische Frage des Kunden: „Warum soll ich das Produkt ausgerechnet bei Ihnen kaufen? Was bieten Sie mehr als Ihre Wettbewerber? Worin unterscheiden Sie sich von den anderen Anbietern? Was ist das Besondere an Ihrem Produkt?"

Hier kommt die Frage nach der überzeugenden Argumentation. Welche Hauptargumente beinhaltet das neue Produkt und vor allem: Welchen Mehrwert, welchen Added value, welchen Zusatznutzen wollen Sie bieten? Wenn Sie sich mit anderen Produkten der Wettbewerber auseinandersetzen, stellen Sie sich die Frage: Was ist das Besondere an Ihrem Produkt? Worin unterscheidet es sich von allen anderen? Ihr Produkt benötigt mindestens ein Alleinstellungsmerkmal (USP Unique Selling Proposition).

Man kann immer wieder feststellen: **Produkte mit einem gut kommunizierbaren USP und einem hohen Kundennutzen lassen sich deutlich besser verkaufen als sogenannte Me-too-Produkte.**

☑ **7. Check:** Hat Ihr neues Produkt mindestens einen gut kommunizierbaren USP?

Zum Business-Plan gehört die Betrachtung der Kosten. Am Anfang des Projekts wird es recht schwierig sein, eine exakte ROI-Rechnung durchzuführen. Das sollte aber auch nicht Ihr Ziel sein. Ihr Ziel sollte viel eher sein, eine grobe Wirtschaftlichkeitsabschätzung zu erarbeiten, mit der Sie erkennen, ob Sie im richtigen Fenster liegen. Eine solche Wirtschaftlichkeitsberechnung kann man am besten auf der Basis von Worst-case- und Best-case-Betrachtungen erstellen, d.h. wenn alles optimal läuft: Wie niedrig sind die günstigsten Herstellkosten? Wie niedrig wären die besten Projektkosten? Wo könnte der höchste Preis und der niedrigste Rabatt liegen? Und umgekehrt: Wenn Sie sehr ungünstige Voraussetzungen haben: Wo könnte der Worst-case-Fall liegen. Der reale Fall wird sich irgendwo zwischen Best-case und Worst-case einpendeln.

Aber Achtung: In der Kostenrechnung hat sich in den letzten Jahren sehr vieles verändert. So wie man heute die Produktanforderungen marktorientiert definiert, muss man auch die Preise marktorientiert „konstruieren". Sie haben richtig gelesen: Preise müssen konstruiert werden. Das Hilfsmittel dazu heißt Target pricing und Target costing. Also nicht am Ende des Projekts feststellen: Wie hoch sind jetzt die Herstellkosten und zu welchem Preis müssen wir das Produkt verkaufen? Sondern umgekehrt, am Anfang fragen: Zu welchem Preis sollten wir aufgrund der Marktsituation das Produkt anbieten? Danach führen Sie eine Rückwärtskalkulation vom Ziel-Preis zu den Ziel-Herstellkosten durch. Vergleichen Sie später die Ziel-Herstellkosten mit den ersten Abschätzungen der wirklich erreichbaren Herstellkosten.

Im dritten Teil des Anforderungsprofils geht es nun darum, die technische Konzeption kurz zu beschreiben und eine Liste der Anforderungsdaten des Produkts zusammenzustellen. Im vierten Part werden die Termine wie Markteinführung, Vertriebsankündigung, Vertriebsfreigabe und Verfügbarkeit definiert.

2.3 Ihr Projekt ist ein Unternehmen auf Zeit

So wie jedes Unternehmen eine Aufbau-Organisation hat, benötigt auch Ihr Projekt eine Aufbau-Organisation. Allerdings sind Sie als Projektleiter nur Führungskraft auf Zeit, und Ihr Projekt ist ein Unternehmen auf Zeit. Sie als Projektleiter sind Chef dieses Unternehmens, und da sind wir bei einer Besonderheit im Projektmanagement: Zwar sind Sie Chef, d.h. Sie verantworten die Gesamtergebnisse des Projekts wie Technik bzw. Sache, Kosten und Termine, aber in der Regel sind Sie nicht weisungsbefugt. D.h. wir werden uns später darüber unterhalten, wie Sie als Projektleiter trotzdem Führungsverantwortung wahrnehmen können. Wie können Sie andere im oder auch außerhalb des Projektteams führen, ohne dass Sie die Kompetenzen wie z.B. ein Geschäftsführer haben?

Stellen Sie sich folgende Situation vor:
Ein Kunde ruft in Ihrer Firma an. „Ich hätte gerne Herrn Müller gesprochen". Und er bekommt zur Antwort „Herr Müller ist leider nicht erreichbar, da er zur Zeit in einer Projektsitzung ist." „Aber wer ist denn dann der Stellvertreter?" „Ja, das ist der Herr Meier." „Dann hätte ich gerne den Herrn Meier gesprochen." „Tut mir leid, Herr Meier befindet sich momentan auch in einer Projektbesprechung." „Ja, wer kann mir denn eine Auskunft geben?" Darauf erwidert die Dame in der Zentrale: „Tut mir Leid, im Moment niemand, weil sich alle wichtigen Mitarbeiter in Projektsitzungen befinden." „Und wann werden diese Projektsitzungen zu Ende sein?" Antwort: „Bald, aber danach fangen dann schon wieder neue Projektsitzungen an."

Sie können sich vorstellen, eine solche Situation wird sehr ärgerlich und unbefriedigend für jeden anrufenden Kunden sein. Deswegen achten Sie darauf, dass Ihr Unternehmen auf Zeit ein sehr schlankes Unternehmen ist, d.h. dass Ihre Projektteams nicht überdimensioniert werden.

Und das bedeutet, dass man nicht ein Projektteam zusammenstellt, in dem 20 oder 25 Mitarbeiter ständig zusammensitzen, sondern Sie gliedern Ihr Unternehmen auf Zeit in verschiedene Organisationseinheiten.

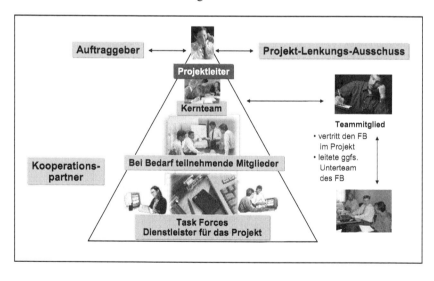

Abb 2.3. Wer zählt zum Kreis der zu Führenden? Ihr Projekt ist ein Unternehmen auf Zeit. Legen Sie fest: Wer ist wofür verantwortlich? (FB: Fachbereich)

Als erstes sollten Sie einen Stellvertreter benennen, der möglichst aus dem Kernteam stammt und in die Entwicklung und den Fortschritt Ihres Projekts involviert wird. Definieren Sie die Zusammensetzung Ihres Kernteams. Das Kernteam oder auch Stammteam umfasst die Mitarbeiter, die permanent in Ihrem Projekt mitarbeiten müssen. Je nach Unternehmen und Organisation wird das ein Entwickler sein, jemand aus der Produktion, auf jeden Fall der Produktmanager, vielleicht jemand aus der Arbeitsvorbereitung usw. Das Kernteam sollte zusätzlich zum Projektleiter nicht mehr als 3 – 6 Mitarbeiter umfassen. Alle anderen Abteilungen oder Bereiche, die ebenfalls in Ihrem Projekt repräsentiert sein sollten, werden im erweiterten Team berücksichtigt. Im erweiterten Team finden sich Vertreter der Abteilungen, die hin und wieder involviert sein bzw. zuarbeiten müssen.

Überlegen Sie auch, welche internen und externen Dienstleister für den Erfolg Ihres Projektes erforderlich sind. Dienstleister müssen nicht unbedingt über den gesamten Projektablauf informiert sein, wenn sie in sich abgeschlossene Teilaufgaben übernehmen.

Welche Aufgabe, welche Rolle übernimmt nun der Mitarbeiter im Kernteam? Damit Sie auf die geringe Anzahl von 3 – 6 Mitarbeitern kommen, sollten Sie sich zur Regel machen, dass aus einem Fachbereich bzw. aus einer Abteilung jeweils nur ein Repräsentant im Kernteam dabei ist. Dieser Repräsentant im Kernteam vertritt seinen Fachbereich im Projekt. Gegebenenfalls hat dieses Teammitglied auch ein eigenes Unterteam, d.h. wenn das Teammitglied ein Teilprojekt übernimmt, ist es verantwortlich für alle Ergebnisse, die in seiner Abteilung erarbeitet werden. Die Verantwortung verhält sich wie eine Kaskade. Sie fließt von oben nach unten, d.h. Sie als Projektleiter haben eine Gesamt-Verantwortung. Die fachliche Verantwortung einschließlich Beschaffung und Bereitstellung von Ressourcen liegt beim Teammitglied. Die Projektmitarbeiter sind die Mitarbeiter bzw. Führungskräfte, die Sie direkt führen.

Sollte es zu Schwierigkeiten bei der Vergabe von Ressourcen zwischen verschiedenen Projekten kommen, ist es sinnvoll, dass Sie als Projektleiter auf den Projektlenkungsausschuss zurückgreifen können. In der Regel ist der Projektlenkungsausschuss ein Gremium, das aus Abteilungsleitern, Fachbereichsleitern oder aus der Geschäftsleitung besteht. Hier wird über Prioritäten, zusätzliche Ressourcen und im Falle von Projektkollisionen entschieden. Nach meiner Erfahrung verfügen allerdings nur 10 – 15 % aller deutschen Unternehmen, die mit Projektmanagement arbeiten, über einen gut funktionierenden Projektlenkungsausschuss.

2.3.1 Der Projektleiter bestimmt maßgeblich den Projekterfolg

Als Projektleiter müssen Sie wissen, welche Aufgaben und Kompetenzen und vor allem welche Schnittstellen Sie haben. Was sind die typischen Aufgaben, die ein Projektleiter hat? Das hängt natürlich immer von der Firma, der Organisation und der Art des Projektes ab. Wir haben es vorher schon angesprochen: Der Projektleiter ist verantwortlich für das Erreichen der Projektziele. Er hat die Gesamtverantwortung (Sache, Technik, Kosten, Termine). Als Projektleiter sollten Sie sich diese Projektziele unbedingt vom Auftraggeber genehmigen bzw. bestätigen lassen. Sie können ein Projekt nur dann erfolgreich abschließen, wenn die Zielerreichung mit den Erwartungen des Auftraggebers übereinstimmt.

Die nachfolgende Checkliste zeigt Ihnen beispielhaft die typischen Aufgaben eines Projektleiters:

Aufgaben des Projektleiters:

- **Projektziele** abstimmen und genehmigen lassen
- **Pflichtenheft** erstellen
- **Realisierbarkeit** der Ziele prüfen
- **Projektmitarbeiter** vorschlagen
- **Projektgruppe** strukturieren (Aufbauorganisation)
- Gesamtprojekt **planen**
- **Termine und Kosten** überwachen
- **Projektordner** führen
- Erforderliche **Ressourcen** beschaffen (über Projektmitarbeiter)
- Alle am Projekt beteiligten Mitarbeiter und Stellen **koordinieren**
- Projektmitarbeiter **führen**
- Projektmeetings **moderieren**
- **Aufgabenliste** führen
- **Entscheidungen** herbeiführen
- Kontakt zum **Projektlenkungsausschuss und Auftraggeber** halten
- **Informationsfluss und Berichtswesen** sicherstellen

2.3.2 Stellen Sie Ihr Team zusammen

Um wirklich den Überblick zu haben, wer in Ihrer Projektarbeit für welche Aufgaben verantwortlich ist, empfiehlt es sich, eine Verantwortungsmatrix zu erstellen. Mit dieser Matrix legen Sie die Abteilung, den jeweilig verantwortlichen Mitarbeiter und die Aufgaben im Projekt sowie die Verantwortlichkeit fest. Wer ist Ihr Stellvertreter? Wer gehört zum Kernteam? Wer zählt zum erweiterten Team und wie sind dort die Aufgaben verteilt?

Welche internen Dienstleister möchten Sie nutzen? Mit welchen externen Dienstleistern haben Sie zu tun? Welche wichtigen Entscheider müssen Sie berücksichtigen: Abteilungsleiter, Bereichsleiter, Geschäftsführung? Wer muss Meilensteine freigeben? Wen sollten Sie unbedingt informieren?

2.3.3 Mitarbeiter im Projektteam

Welche Aufgabe hat der Mitarbeiter im Kernteam oder im erweiterten Team? Der Mitarbeiter im Projektteam vertritt seinen Fachbereich, d.h. er leitet ein Teilprojekt und ist verantwortlich für das Erreichen der Ziele in diesem Teilprojekt. In der Projektarbeit sollte der Vertreter des Fachbereichs Experte seines Fachbereichs sein. Entweder erfüllt er diese Anforderungen selber oder er beschafft sich die Informationen in seinem Unterteam. Der Mitarbeiter im Projektteam ist auch dafür verantwortlich, dass die nötigen Ressourcen aus seiner Abteilung vereinbarungsgemäß bereitgestellt werden. Damit hat er natürlich auch die Verantwortung, sich mit seinem disziplinarischen Vorgesetzten über den Fortschritt des Projekts und den weiteren Ressourceneinsatz abzustimmen.

Jeder Chef ist so gut wie seine Mitarbeiter. Deswegen: Wann immer Sie die Möglichkeit als Projektleiter haben, Ihr Projektteam nach eigenen Vorstellungen zusammenzusetzen, entscheiden Sie sich für die besten Mitarbeiter. Sie werden im Nachfolgenden noch eine Reihe von Tipps bekommen, wie Sie die richtige Auswahl von Mitarbeitern treffen können. Leider sind dem Projektleiter hier oft die Hände gebunden. Häufig können Projektleiter lediglich Vorschläge machen, welche Mitarbeiter sie in ihr Projektteam aufnehmen möchten. Die jeweiligen Abteilungs- oder Bereichsleiter treffen die endgültige Entscheidung. In der Regel gibt es aufgrund knapper Ressourcen bei Fachkräften nur sehr wenig Auswahlmöglichkeiten, aus denen man das Beste machen muss.

> ☑ **8. Check:** Wie zufrieden sind Sie mit der Zusammenstellung Ihres Teams? Wie eindeutig haben Sie Aufgaben und Verantwortlichkeiten den Projektmitarbeitern zugeordnet?

2.3.4 Externe Dienstleister richtig einsetzen

Sollten Sie bei Ihrem Projekt mit externen Dienstleistern zu tun haben, achten Sie von vorn herein darauf, dass Sie einen zentralen Ansprechpartner bei diesem Dienstleister haben. So wie Sie intern Ihr Projekt strukturieren und eine Abteilung durch einen Repräsentanten in Ihrem Projekt vertreten, so sollten Sie von Anfang an festlegen, wer bei den externen Dienstleistern Ihr jeweils zentraler Ansprechpartner und damit Koordinator ist.

Klären Sie von Anfang an, welche Leistungen der Dienstleister wann zu erbringen hat und verzahnen Sie, wenn erforderlich, die Erbringung dieser Leistungen auch mit Ihrem internen Zeitplan, z. B. mit den Meilensteinen Ihres Projektes. Was hat der Dienstleister bis wann abzuliefern? Halten Sie die Vereinbarungen schriftlich fest.

In manchen Unternehmen ist man der Meinung, je mehr Aufgaben man „outsourct" umso größer sei die Entlastung innerhalb der eigenen Entwicklungsabteilung. Das kann im Idealfall tatsächlich so sein, allerdings werden oft die Aufwendungen für den Abstimmungsprozess unterschätzt. Planen Sie unbedingt genügend Zeit für Kommunikation und für Abstimmungen mit Ihren externen Dienstleistern ein. Halten Sie eine enge Verbindung zu den Dienstleistern. Gehen Sie nicht davon aus, dass die vereinbarten Leistungen automatisch erbracht werden. Denn auch bei Ihrem externen Dienstleister arbeiten Menschen mit Stärken, aber auch mit Schwächen.

Als Projektleiter sollten Sie nicht vergessen, eine Vertraulichkeitserklärung zu erstellen und unterschreiben zu lassen, egal ob Sie nun der Meinung sind, das wirkt oder nicht. Damit vermeiden Sie, dass Sie vielleicht zu einem späteren Zeitpunkt ermahnt werden, weil Sie keine Vertraulichkeitserklärung vorgelegt haben.

> **Tipp**: Bei Zusammenarbeit mit externen Dienstleistern:
> Klare Vereinbarungen treffen und für gute Abstimmung sorgen !!

2.3.5 Auftraggeber

Auftraggeber für Ihr Projekt können interne Auftraggeber, z.B. Geschäftsleitung, Projektlenkungsausschuss, Produktmanager, Abteilungsleiter, Fachbereichsleiter oder externe Auftraggeber sein. Der Auftraggeber hat für den Ablauf des Gesamtprojekts eine gewisse Verantwortung. Gehen Sie aber nicht davon aus, dass der Auftraggeber der aktive Part ist, sondern übernehmen Sie selber die Initiative für notwendige Abstimmungen. Der Auftraggeber wird Ihnen den Projektauftrag erteilen. Gemeinsam sollten Sie mit ihm das Grobziel besprechen, eventuell auch das Pflichtenheft abstimmen und gegenzeichnen lassen. Der interne Auftraggeber wird gegebenenfalls den Projektleiter ernennen und er wird auch die Zusammensetzung des Projektteams nach Vorschlag des Projektleiters genehmigen.

Nutzen Sie den Auftraggeber ggf. als „verlängerten Arm", nämlich in übergeordneten Angelegenheiten, wenn es um die Priorisierung von Projekten geht, um einen höheren Ressourcenbedarf oder um die Freigabe weiterer Budgetmittel. Der Auftraggeber wird zum Ende des Projekts feststellen, ob das Projektziel zufriedenstellend erreicht wurde. Er wird Sie dann als Projektleiter entlasten. Halten Sie von Anfang an einen guten Kontakt zum Auftraggeber.

2.3.6 Wenn es zu Engpässen kommt: Projektlenkungsausschuss

Der Projektlenkungsausschuss besteht aus einem Gremium aus Bereichsleitern, eventuell auch Abteilungsleitern, vielleicht der Geschäftsleitung. Aufgabe des Projektlenkungsausschusses ist es, Prioritäten der Projekte festzulegen. In der Regel, so wird es wahrscheinlich auch in Ihrer Firma sein, gibt es mehr Projekte als auf der anderen Seite Ressourcen vorhanden sind. Der Projektlenkungsausschuss sollte die Entscheidung treffen, für welche Projekte Ressourcen in welchem Maße bereitgestellt werden, nämlich dann, wenn es zu Ressourcenkonflikten kommt, die Projektleiter untereinander nicht mehr lösen können.

Der Projektlenkungsausschuss sollte auch auftretende Probleme zwischen verschiedenen Projekten und Interessenten dieser Projekte schlichten.

Tipp: Halten Sie guten Kontakt zum Auftraggeber und zum Projektlenkungsausschuss.

2.4 Das Kick-off-Meeting ist der entscheidende Start

Denken Sie doch bitte mal darüber nach: Welches Ziel sollte ein Kick-off-Meeting haben? Es geht darum, alle Betroffenen auf den gleichen Informationsstand zu bringen, d.h. Einweisen aller am Projekt beteiligten Personen. Aber: Das Kick-off-Meeting ist für Sie die Chance, Engagement für Ihr Projekt zu bewirken. Neben der rein sachlichen Information geht es darum, Motivation für Ihr Projekt zu erzeugen. Das Kick-off-Meeting ist das erste offizielle Meeting und auch eine Motivationsveranstaltung.

Wer sollte zu diesem Meeting eingeladen werden? Natürlich alle Mitarbeiter Ihres Unternehmen auf Zeit, d.h. Kernteam, erweitertes Team und ggf. auch Dienstleister. Das Kick-off-Meeting ist die umfangreichste Veranstaltung im Laufe Ihres gesamten Projekts. Laden Sie nicht nur die betroffenen Mitarbeiter ein, sondern je nach Projektgröße auch deren Abteilungs- oder Bereichsleiter. Sie als Projektleiter laden ein und leiten die Veranstaltung.

Wie lange muss man eine Harley Davidson reparieren, um ein halbe Stunde zu fahren? Scherzhafte Kritiker behaupten: 4 Stunden. Wie lange sollte ein Kick-off-Meeting dauern? Etwa eine halbe bis eine dreiviertel Stunde. Achten Sie darauf: Das Kick-off-Meeting ist die wichtigste Veranstaltung, um Motivation zu erzeugen und ein positives Image für Ihr Projekt aufzubauen. Marketing in eigener Sache ist sehr wichtig, denn Sie sind nicht weisungsbefugt. Sie brauchen die freiwillige Motivation anderer. Deshalb sollten Sie je nach Projektgröße in eine halbe Stunde Kick-off-Meeting mindestens 4 bis 8 Stunden Vorbereitung hineinstecken.

Welche Themen gehören in ein solches Kick-off-Meeting? Stellen Sie im Kick-off-Meeting die Projektziele kurz vor, gegliedert nach Sachziel, Terminen und Kosten. Aber achten Sie darauf, dass im Kick-off-Meeting keine Details vermittelt werden, denn hier geht es ja um ein Grundverständnis des Projekts. Zeigen Sie auf, welche Meilensteine und vor allem zu welchem Zeitpunkt diese Meilensteine geplant sind. Nutzen Sie Autoritätspersonen wie den internen Auftraggeber, die Geschäftsleitung, vielleicht den Produktmanager, um die Wichtigkeit des Projekts zu vermitteln. Stellen Sie die Zusammensetzung Ihres Teams vor. Vielleicht lassen Sie dabei Ihre Projektmitarbeiter einige Worte zu sich sagen. Binden Sie Fotos, die Sie von Ihren Projektmitarbeitern erstellt haben, in die Präsentation ein.

Wie erzeugen Sie beim Kick-off-Meeting Motivation? Können Sie sich vorstellen, dass jemand begeistert und mit viel Engagement an einem unwichtigen, unrealistischen Projekt arbeitet? Sicher nicht. Deshalb stellen Sie die Bedeutung, die Wichtigkeit, die Dringlichkeit Ihres Projekts dar. Und der zweite Motivator sind Sie selbst. Zeigen Sie sich entschlossen dieses Projekt zum Ziel zu führen. Machen Sie „Es geht, wir werden es schaffen." zu Ihrem Motto. Und lassen Sie sich nicht von Zweiflern oder Aussagen wie „Das funktioniert doch sowieso alles nicht" oder „So etwas haben wir noch nie geschafft" ins Bockshorn jagen. Zeigen Sie feste Entschlossenheit, dass Sie dieses Projekt zum Erfolg führen wollen. Wenn es negative Gerüchte über dieses Projekt gibt, schaffen Sie diese Gerüchte aus der Welt. Hüten Sie sich aber davor, Diskussionen mit Anwesenden zu führen. Verweisen Sie auf die Zeit nach dem Kick-off-Meeting. Diskussionen führen zu einem negativen „Nachgeschmack". Vermeiden Sie, dass nach dem Kick-off-Meeting ein negatives Gefühl bei den Anwesenden zurückbleibt.

Stellen Sie sich vor, Sie haben ein tolles Kick-off-Meeting durchgeführt. Man beglückwünscht Sie zu dieser Veranstaltung, alle gehen auseinander und .....? Es passiert nichts. Gar nichts. Keiner weiß, was er tun soll. Deshalb machen Sie es anders. Besprechen Sie sich nach dem großen, offiziellen Kick-off-Meeting mit dem Kernteam. Stimmen Sie konkret die nachfolgende Vorgehensweise ab, und beginnen Sie mit dem Verteilen konkreter Aufgaben. Besprechen Sie, wo Ihr Projektordner abgelegt sein wird, auf welchem Server, in welchem Ordner usw. Legen Sie fest, wann Sie sich regelmäßig treffen werden oder definieren Sie mindestens die nächsten 6 Meetings.

Das Kick-off-Meeting ist der entscheidende Start:
- Projektleiter lädt ein
- **Informieren:** Alle auf den gleichen Stand bringen
- **Motivieren:** Engagement für das Projekt bewirken
- **Projektziele** verständlich vermitteln
- **Meilensteine** ansprechen
- Wer ist **Auftraggeber**?
- **Team**(s) vorstellen
- **Dringlichkeit/Notwendigkeit/Bedeutung** herausstellen
- **Erwartungen** und Wünsche der Teilnehmer (Keine Diskussion!) berücksichtigen
- **Gerüchte** aus der Welt schaffen
- **Vorgehensweise** abstimmen
- Erste **Aufgaben** verteilen
- **Projektordner** definieren
- **Termine** der nächsten 6 Meetings festlegen
- Das **Wichtigste** zusammenfassen.
- **Appell** an alle

Schließen Sie Ihr großes, aber auch das kleine Kick-off-Meeting mit einem Appell an alle ab, dem Appell, dass es jetzt darauf ankommt, mit vollem Engagement an diesem Projekt zu arbeiten, damit es ein voller Erfolg wird.
„Sage mir, wie dein Projekt beginnt, und ich sage dir, wie es endet".

2.5 Warum jedes Projekt einen Projektplan benötigt

Ich erinnere mich an eine Situation in einem großen deutschen Elektrokonzern. Damals führte ich eine Seminarreihe zu dem Thema „Führen von Projekten" durch. Als ich das Thema Projektplanung erwähnte, stand ein Projektleiter demonstrativ auf und sagte: „Herr Kairies, wissen Sie, zum Thema Projektführung und Projektplanung habe ich schon eine ganze Menge gehört und erlebt. Eines möchte ich gleich mal vorwegschicken. Das Thema Projekt-Planung ist eine rein theoretische Abhandlung. Wissen Sie, ich habe im vergangenen Jahr zwei große Projekte geleitet. Beide Projekte habe ich mit MS Project geplant. Das erste Projekt hatte 270 Teilschritte und das zweite Projekt 350. Ich habe alle Teilschritte in MS Project erfasst. Ich habe den Plan in Meilensteine, Sammelvorgänge und Einzelvorgänge gwordnet sowie Abhängigkeiten definiert. Ich habe den Projektplan an alle betroffenen Kollegen verschickt, aber glauben Sie mir: Hier in unserer Firma hält sich niemand daran. Deswegen halte ich es anders. Wer nicht plant, kann auch nichts verkehrt machen. Und meine Erkenntnis ist: Bei einem Projektplan kann man sich nur auf eines verlassen, er wird nie so durchgeführt wie er geplant wird. Mit anderen Worten, diesen Aufwand kann man sich schenken."

Was halten Sie von dieser Ausführung? Benötigt ein Projekt wirklich einen Projektplan? Ja oder nein? Denken Sie kurz darüber nach. Natürlich. Ein Projekt benötigt immer einen Projektplan. Nur: Was hat dieser Projektleiter falsch gemacht? Er hat zu einem frühen Zeitpunkt Annahmen mit planbaren Aktivitäten verwechselt. Er hat in zu vielen Details geplant und den Plan lediglich verteilt statt alle Beteiligte einzubinden. Machen Sie es besser. Planen Sie jedes Projekt, aber in einem überschaubaren Rahmen, und stimmen Sie sich mit den Betroffenen von Anfang an ab. **Jedes Projekt benötigt einen Projektplan.**

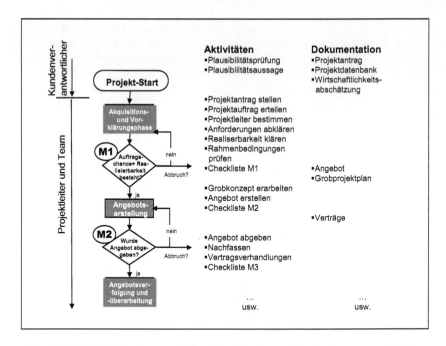

Abb. 2.4 Beispiel: Kundenspezifisches Projekt: Legen Sie Meilensteine und Phasen fest. Halten Sie die Planung in überschaubaren Grenzen. Welche Aktivitäten und Dokumentationen sind erforderlich?

Definieren Sie vom Start bis zum Abschluss Meilensteine. Ein Projekt mittlerer Größe sollte etwa 4 – 8 Meilensteine umfassen. Jedes Projekt hat eine gewisse Einzigartigkeit. Sie werden sicher in Ihrer Firma Prozesse festgelegt haben, wie bestimmte Projekte abzuwickeln sind. In der Regel durchläuft z.B. ein Entwicklungsprojekt folgende Phasen.

Start
1. Definitionsphase
2. Entwurfsphase
3. Realisierungsphase
4. Erprobungsphase
5. Einsatz
Abschluss

Achten Sie unbedingt darauf, dass der Projektplan im Projektteam abgestimmt wird. Das heißt, nachdem Sie die Meilensteine festgelegt haben, überlegen Sie sich gemeinsam, welche Hauptaufgaben bzw. Sammelvorgänge erforderlich sind. Mein Tipp dazu: Erarbeiten Sie zunächst einen Masterplan. Dabei handelt es sich um einen Grob-Terminplan, der ausgedruckt auf einer DIN-A4-Seite Platz findet. Er besteht aus 4 – 8 Meilensteinen und ungefähr 15 bis maximal 20 Schritten. Diesen Masterplan sollten Sie möglichst grafisch als Gantt-Diagramm („Balkenplan") darstellen, z.b. mit MS Project, INNOplan oder anderen Tools.

Beispiel: Meilensteine der Produktentwicklung
Die jeweiligen Unterpunkte müssen zur Freigabe des Meilensteins abgeschlossen sein.

Produktidee
- Anforderungsprofil
- Genehmigung

Projektstart
1. Pflichtenheftentwurf
- Grobes Pflichtenheft
2. Pflichtenheftfreigabe
- Detailliertes Pflichtenheft, Terminplan 1
- Wert- bzw. Funktionsanalyse, Machbarkeitsstudie
3. Freigabe Funktionsmuster
- Designstudie, Terminplan 2
4. Freigabe Prototyp
- FMEA
- Technische Daten für Dokumentation, Langzeitbeschaffungsteile,
- Musterverpackung
5. Freigabe Nullserie
- Fertigungsunterlagen, Markteinführungsplan, Bedienungsanleitung
6. Freigabe Serie
- Ersatzteilliste
7. Freigabe Vertrieb
- Verfügbarkeit Serienprodukt, Originalverpackung, Bedienungsanleitung
Abschluss

Warum ist ein Projektplan so wichtig? Bitte versuchen Sie doch einmal, folgende Rechenaufgabe im Kopf zu lösen: 27 334 x 18 147. Sie werden es sicherlich erst gar nicht versuchen, weil Sie wissen, dass diese Aufgabe im Kopf nicht lösbar ist. Vergleichen Sie die Komplexität dieser einfachen Aufgabe mit der Komplexität eines Projekts. Ein Projekt ist um ein Vielfaches komplexer als diese simple Rechenaufgabe, und trotzdem gibt es noch immer Projektleiter, die meinen, einen Projektplan zu erarbeiten, würde nur unnötigen Aufwand bedeuten. Sie benötigen diesen Plan, um Transparenz für Ihr Projekt zu erzeugen. Der

Projektplan ist eine Visualisierung, um Ihr Projektteam zu koordinieren: Wann muss wer welche Aufgaben abgeliefert haben? Nur wer Transparenz über seinen Projektablauf schafft, dem gelingt es, die betroffenen Mitarbeiter zu führen.

Entwicklungs-bereich Projektphase	F&E	Software- Verfahrens- entwicklung	HW/SW- System- entwicklung	Geräte- entwicklung	Grundlagen- entwicklung
1. Ziele/ Definitionen	Anstoß Studie	Idee Voruntersuchung Istaufnahme Fachl. Grobkonzept	Analyse	Produkt- studie	Anstoß Studie
2. Entwurf	Systementwurf Komponenten- entwurf	Fachl. Feinkonzept DV-Grobkonzept	Systementwurf Programm-+ Schaltungs- entwurf	Spezifikation Prinzipmuster	Projektierung Design
3. Realisierung	Implementierung Komponenten- test	DV-Feinkonzept Programmierung	SW-HW-Im- plementierung	Funktions- muster Prototyp	Implemen- tierung
4. Erprobung	System- integration Systemtest	Test Pilot	Verbundtest Systemtest	Vorserie	Systeminte- gration/-test
5. Einsatz	Abnahme	Übergabe	System- abnahme	Serien- fertigung	Abnahme

Abb.2.5 Beispiele für Phasen bei unterschiedlichen Entwicklungsprojekten

2.5.1 Schaffen Sie Transparenz für Ihr Projekt: Visualisierungsmethoden

Das am häufigsten verwendete Tool der Projektplanung ist das Gantt- oder auch Balkendiagramm. Mit dem Gantt-Diagramm stellen Sie Meilensteine in Ihrem Projektablauf dar und zeigen auf, welche Teil- oder Sammelvorgänge zum Erreichen der einzelnen Meilensteine abgeschlossen sein müssen. Gantt-Diagramme können einfach mit Projektmanagement-Werkzeugen erstellt werden.

Sollten Sie als Projektleiter ein Projekt erarbeiten müssen, das völlig neu für Sie und Ihre Firma ist, empfehle ich Ihnen, zunächst einen Projekt-Strukturplan zu erarbeiten. Dabei zerlegt man das zu erreichende Projekt in Teilprojekte. Jedes Teilprojekt umfasst eine abgeschlossene Black Box mit bestimmten Aufgabenblöcken, und jedes Teilprojekt sollte immer einer Abteilung und einem verantwortlichen Teil-Projektleiter zugeordnet werden. Es ist im Übrigen das Prinzip jeder Projektplanung, dass Teilprojekte oder auch Aufgabenpakete (Sammelvorgänge) und Einzelvorgänge immer Personen zuordenbar sind. Von den Teil-Projektleitern können die Teil-Projekte in weitere Aufgaben und Vorgänge zerlegt werden. Einen solchen Projekt-Strukturplan kann man mit entsprechenden Software-Tools erarbeiten. Ich empfehle allerdings zur Grob-Strukturierung mit einer sehr einfachen Methode, nämlich mit Kärtchen und Pinwand zu arbeiten, und erst im zweiten Schritt, wenn Sie sich einen Überblick verschafft haben, das Projekt als Gantt- bzw. Balkendiagramm zu konkretisieren.

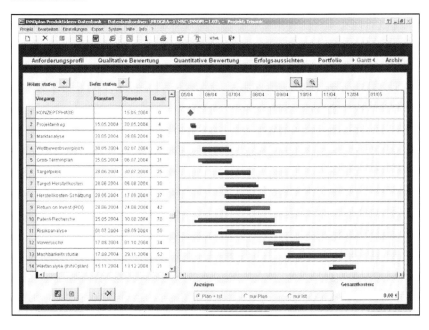

Abb.2.6 Visualisieren Sie Ihre Planung mit Hilfe der Gantt-Technik (Diagramm erstellt mit INNOplan von MSC Sinsheim). Vergleichen Sie ggf. Plan- mit Ist-Zeiten.

Neben den beiden genannten Visualisierungsmethoden Projekt-Strukturplan und Gantt-Diagramm findet man hin und wieder auch die Darstellung als PERT-Diagramm. PERT steht für Process Evaluation Revue Technic. In einem sehr umfangreichen Gantt-Diagramm ist es schwer, Verknüpfungen übersichtlich darzustellen, das gelingt Ihnen nur bei eher kleinen Plänen. Ein PERT-Diagramm kann automatisch, z.B. mit MS Project, aus dem Gantt-Diagramm erstellt werden. Sofern Sie die Vorgänger bzw. Nachfolger der einzelnen Arbeitsschritte definiert haben, entsteht daraus ein solches Diagramm.

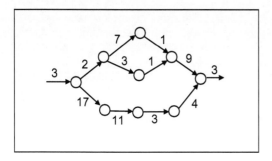

Abb.2.7 *PERT-Diagramm. Jede Zahl gibt die Dauer eines Vorgangs an (hier 4 Wochen). Der kritische Pfad läuft in der unteren Folge. Gesamtdauer: 41 Wochen*

Schauen Sie sich das Beispiel Abb. 2.7 an. Die Zahlen über bzw. unter den Pfeilen deuten auf die Laufzeit der einzelnen Arbeitsschritte hin. Das PERT-Diagramm kann Ihnen helfen, den kritischen Pfad des Projektes aufzuzeigen. Was bedeutet kritischer Pfad? Der kritische Pfad ist der zeitbestimmende Pfad. Die Folge der auf diesem Pfad zu erarbeitenden Schritte hat die längste Laufzeit. Verzögerungen auf dem kritischen Pfad führen zu Verzögerungen im gesamten Projekt.

Achtung, das ist sehr wichtig! Ob Sie als Projektleiter mit einem PERT-Diagramm arbeiten oder nicht, Sie sollten für Ihr Projekt genau wissen: Welches sind die zeitbestimmenden Arbeitsschritte? Denn die zeitbestimmenden Arbeitsschritte bestimmen letztendlich die Gesamtlaufzeit Ihres Projekts. Wenn Sie die Laufzeit Ihres Projekts verkürzen wollen, dann macht es Sinn, auf diesem kritischen Pfad die Verkürzung d.h. die Parallelisierung zu versuchen.

Die o.g. Vorgehensweise wird auch häufig kurz CPM (Critical Path Method) genannt.

Abb. 2.8 Planen Sie Ihr Projekt so konkret wie nötig – aber noch überschaubar

Nun sind wir bei einem Schritt angelangt, bei dem Sie nicht nur auf die Systematik, das heißt den Plan und die Arbeitsschritte achten sollten, sondern vor allem auf die verantwortlichen Menschen. Projekte scheitern nicht an der Technik, sondern am Menschen. Das bedeutet: Überlegen Sie sich, wer auf dem kritischen Pfad für welchen Arbeitsschritt verantwortlich ist? Was sind das für Kollegen? Wie zuverlässig sind sie? Wer ist Chaot? Und auf wen können Sie sich hundertprozentig verlassen?

Als Projektleiter haben Sie die Aufgabe, Ihr Projekt zu „controllen", d.h. bei anderen nachzufassen und nach dem Projektfortschritt zu fragen. Aber Sie können nicht nur von morgens bis abends anderen Kollegen hinterher laufen. Setzen Sie Schwerpunkte. Der kritische Pfad zeigt Ihnen auf, bei welchen Kollegen Sie nachfassen müssen. Beachten Sie psychologische Aspekte. Seien Sie Menschenkenner. Bei wem müssen Sie mehrfach nachfassen und bei wem seltener? Stellen Sie möglichst auch in dieser Planungsphase den Ressourcenbedarf, den Aufwand klar. Ressourcen werden durch die Fachabteilungen bereitgestellt, Ihre Bezugsperson ist das Mitglied aus dem Stammteam oder erweiterten Team.

Hin und wieder kann man bereits schon im Planungsstadium Engpässe identifizieren. Seien Sie froh, wenn Sie frühzeitig in der Planungsphase diese Engpässe erkennen. Damit schützen Sie sich vor späteren Überraschungen. Und nun noch ein wichtiger Tipp, den Sie auf keinen Fall weitergeben sollten: Planen

Sie für Ihre Projekte immer Pufferzeiten ein. Die Größe der Pufferzeit hängt von der Komplexität, dem Neuheitscharakter den Risiken und der Laufzeit des Projekts ab. Erfahrungsgemäß sollte die Pufferzeit etwa 10 – 20 % der Gesamtlaufzeit betragen. Pufferzeiten dienen dazu, unvorhersehbare Störungen im Projektablauf abzufangen. Wichtig: Verstecken Sie die Pufferzeiten. Reden Sie nicht darüber, dass Sie Pufferzeiten eingeplant haben. Sonst sind diese Reserven nichts mehr wert.

☑ **9. Check**: Haben Sie einen Projektplan erarbeitet? Wie zufrieden sind Sie mit der Qualität und der Abstimmung dieses Projektplans?

Tipp: Besprechen Sie mit Ihrem Projektteam regelmäßig den Status Ihres Projekts anhand des Masterplans. Aktualisieren Sie den Plan.

Jedes Projekt hat eine gewisse Psychologie. Manche Projekte beginnen mit hoher Begeisterung. Wenn man dann allerdings merkt, wie komplex dieses Projekt ist, entsteht allgemeine Verwirrung. Und wenn man merkt, dass die Zeit vergeht und der Projektfortschritt hinterher hinkt, kommt es zu einer allgemeinen Ernüchterung. Da sich Projektaufgaben immer weiter verschieben und der Endtermin nicht mehr erreichbar scheint, sucht man nach Schuldigen, bestraft die Unschuldigen, zu guter Letzt befördert man die Unbeteiligten und vernichtet jegliche Dokumentation.

Bitte sehen Sie diese Psychologie nicht als den typischen Fall an. Aber hinter diesem „dramatischen" Verlauf steckt eine wichtige Botschaft. Diese lautet: Bauen Sie für Ihr Projekt von Anfang an eine motivierende Kultur auf. Eine Projektkultur, in der ein positives Leistungsklima vorherrscht. Vermeiden Sie das „Schwarze-Peter-Spiel". Suchen Sie nicht nach Schuldigen, sondern nach Ursachen. Überlegen Sie, wie viel Zeit und kostbare Ressourcen in manche Projekte verschwendet werden, um nachzuweisen, wer der Schuldige ist. Für eine vertrauensvolle Zusammenarbeit ist es besser, nach Ursachen zu suchen und Energie in das Finden von Lösungen zu stecken.

Tipp: Suchen Sie nicht nach Schuldigen, sondern nach Ursachen. Fokussieren Sie Ihre Bemühungen auf die Lösung.

2.6 Sorgen Sie für einen effizienten Informationsfluss

Der Projektplan mit Meilensteinen, Sammelvorgängen und Vorgängen wird nur dann realisiert werden, wenn die betroffenen Mitarbeiter alle erforderlichen Aufgaben zielgerecht und termingerecht erledigen. Deshalb ist es unerlässlich, dass Sie sich regelmäßig treffen. Lassen Sie den roten Faden niemals abreißen. Treffen Sie sich regelmäßig im Team, und stimmen Sie sich ab.

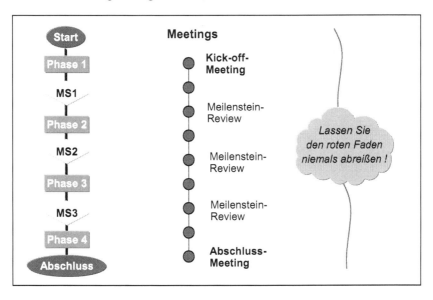

Abb.2.9 Sorgen Sie für eine gute Kommunikation, indem Sie sich mit Ihrem Team regelmäßig treffen.

In welchen Zeitabständen sollte man sich treffen? Wie lange sollte ein Meeting dauern. Natürlich hängt das sehr stark vom Umfang und der Gesamtlaufzeit des Projekts ab. Durchschnittlich kann man sagen, ein Kick-off-Meeting sollte ca. eine halbe bis maximal eine Stunde dauern und ein Projektmeeting im Kernteam ca. 1 bis 2 Stunden. Meilenstein-Reviews, gegebenenfalls im erweiterten Team, sollten ca. eine halbe bis eine Stunde nicht überschreiten. Als sehr sinnvoll haben sich je nach Projektphase Meetings im Abstand von etwa ein bis vier Wochen herausgestellt, eine Woche in kritischen, vier Wochen in unkritischen Phasen.

Ein Beispiel: Wenn die Projektlaufzeit etwa ein Jahr beträgt, sollten Sie sich im Abstand von drei bis vier Wochen treffen, je nach Umfang und Aufwand der zu besprechenden Themen.

So wie Sie Ihr Projekt mit dem Kick-off-Meeting beginnen, sollten Sie zum Ende des Projekts ein Abschluss-Meeting durchführen. Erlauben Sie sich den Luxus, neben den offiziellen Besprechungspunkten in Ihrem Abschluss-Meeting auch eine Erfahrungssicherung durchzuführen. Stellen Sie an Ihr Projektteam die Fragen:

„Was haben wir bei diesem Projekt gut gemacht ?"
„Was würden wir beim nächsten Mal besser machen?"

Ich habe Projekte erlebt, die mit sehr vielen lehrreichen Erfahrungen gespickt waren, leider denken nicht alle Projektleiter daran, diese Erfahrungen schriftlich festzuhalten. So sind wertvolle Erkenntnisse im Laufe der Zeit wieder versickert und alte Fehler schleichen sich in neue Projekte ein.

Sorgen Sie für eine gute Kommunikation und einen effizienten Informationsfluss in Ihrem Projektteam und nach außen, vor allem zu Entscheidern. Führen Sie folgende Meetings durch:

- **Kernteam**-Meeting
- Meeting im **erweiterten Team**
- **Meilenstein-Reviews**

Nutzen Sie auch andere Möglichkeiten, z.B.

- **Expertenmeetings**: Vermeiden Sie Detailbesprechungen in Projektmeetings. Zu detaillierte Diskussionen gehören in der Regel zu den Zeitfressern. Expertengespräche sollten außerhalb der Projektmeetings stattfinden. Bestimmen Sie einen Verantwortlichen, der das Resümee in der Projekt-Sitzung kurz referiert.
- **Gemeinsamer Projektorder**: Im Projektordner legen Sie alle Dokumente ab, die den Fortschritt des Projektes dokumentieren. Sprechen Sie mit Ihrem Team ab, welche Dokumente wo abgelegt sind und wer darauf Zugriff hat.
- **Internet/Intranet:** Zugriff auf gemeinsame Dokumente
- **Videokonferenzen**: Diese können meist kein Ersatz für regelmäßige Meetings sein. Allerdings sind Videokonferenzen ein kostengünstiger Kompromiss, Videokonferenzen haben den Vorteil, dass man sich sehen kann. Aber das Medium hat seine natürlichen Grenzen, z. B. bei Mimik oder Gestik. Für den

erfolgreichen Verlauf einer Videokonferenz zählt vor allem eine gute Vorbereitung der Teilnehmer. Stellen Sie sicher, dass alle Teilnehmer vorab über die erforderlichen Dokumente verfügen.
- **MBWA**: Management by Walking around. Nutzen Sie nicht nur offizielle Meetings, um Informationen auszutauschen. Gehen Sie auch innerhalb der Firma ab und zu direkt zum Arbeitsplatz Ihrer Projektmitglieder. Erkundigen Sie sich nach dem Stand des Projektfortschrittes bzw. den anliegenden Aufgaben. Tauschen Sie sich über zu erwartende Probleme aus und halten Sie lebendigen Kontakt. So sind Sie aktuell über alles im Bilde.
- **MBCA**: Management by Calling around. Als Projektleiter sollten Sie nach außen wirken: Nutzen Sie das Telefon als hilfreiches Mittel, um sich zwischen Projektmeetings mit Kollegen und Externen an anderen Standorten abzustimmen.

> **Tipp**: Nutzen Sie intensiv verschiedene Medien, um sich und Beteiligte auf dem laufenden zu halten.

> ☑ **10. Check**: Wie zufrieden sind Sie mit der Kommunikation und dem Informationsstand innerhalb Ihres Projektteams?

2.7 Projektreports und Dokumente

Zu den wichtigsten Dokumenten zählt der Projekt-Stammordner. Dieser sollte z.B. das Anforderungsprofil enthalten, das Pflichtenheft, die Protokolle der Meetings, die Aufgabenlisten, Statusberichte und Meilenstein-Reviews sowie den Abschlussbericht; darüber hinaus alle für das Projekt relevante Informationen.

Zu den sinnvollen Reports zählen z. B, die Meilenstein-Reports. Sofern Sie in Ihrer Firma regelmäßige Reports abgeben müssen, zählt dazu auch der monatliche Bericht. Reporten ist eine nicht wertschöpfende Tätigkeit, deswegen verzichten schlank organisierte Firmen auf unnötige Reports. Üblich sind in diesen Firmen z.B. Meilenstein-Reports und Reports bei relevanten Abweichungen. Eine gute Projekt-Dokumentation, auf die bei Bedarf von allen Beteiligten zugegriffen werden kann, ist in vielen Fällen sinnvoller.

Projekt-Dokumentationsstruktur
- Beispiel für Standardprojekte -

1. **Projektdefinition**
   1.1 Projektsteckbrief
   1.2 Produktblatt
   1.3 Projektorganisation
   1.4 Antragsunterlagen
      1.4.1 Projektauftrag
      1.4.2 Aufwandsschätzung
      1.4.3 Wirtschaftlichkeitsnachweis
      1.4.4 Änderungsanträge
   1.5 Entscheidungsunterlagen
      1.5.1 Präsentationsunterlagen
      1.5.2 Protokolle
      1.5.3 Prioritätenliste

2. **Projektplanung**
   2.1 Arbeitspaketplanung
      2.1.1 Projektstrukturplan
      2.1.2 Arbeitspaketbeschreibung
      2.1.3 Phasen-/Meilensteinplanung

   2.2 Terminplanung
   2.3 Kostenplanung
      2.3.1 Kostenstruktur
      2.3.2 Kostenverteilung
   2.4 Personalplanung
      2.4.1 Mitarbeitereinsatzplanung
      2.4.2 Aus- und Weiterbildung
   2.5 Betriebsmittelplanung
      2.5.1 Investitionen
      2.5.2 Test-/Prüfanlagen
      2.5.3 Eingesetzte Werkzeuge/Verfahren
      2.5.4 Richtlinien/Auflagen
   2.6 Qualitätsplanung
   2.7 Krisenplanung

3. **Projektkontrolle**
   3.1 Aufwands- und Kostenüberwachung
   3.2 Terminüberwachung
   3.3 Qualitätsüberwachung

4. **Projektdurchführung**
4.1 Projektberichte
    4.1.1 Monatsberichte
    4.1.2 Projektstatusberichte
    4.1.3 Inspektions-/Testberichte
4.2 Aufgabenbeschreibungen
    4.2.1 Mitarbeiterbezogene Beschreibungen
    4.2.2 Unteraufträge
4.3 Projektunterlagen
    4.3.1 Präsentationsunterlagen
    4.3.2 Aufwandserfassungsbelege
    4.3.3 Rechnungen
    4.3.4 Projekttagebuch
    4.3.5 Bibliotheksverzeichnis
    4.3.6 Verteilerkreise
4.4 Schriftwechsel
    4.4.1 Entscheidungsinstanz
    4.4.2 Beratungsausschuss
    4.4.3 Anwender
    4.4.4 Sonstiger Schriftwechsel

5. **Projektabschluss**
5.1 Abnahme
    5.1.1 Freigabemitteilung
    5.1.2 Betreuungsvereinbarung
5.2 Abweichungsanalyse
5.3 Erfahrungsdaten
5.4 Projektauflösung

Quelle: Manfred Burghardt (Siemens)
"Projektmanagement"

Projektdokumentation
- Beispiel für Kundenprojekte -

1. **Anfrage-/Angebotsunterlagen**
1.1 Anfrageunterlagen, Angebote/Zusatzangebote
1.2 Angebotskalkulation

2. **Kundenverträge**
2.1 Verträge/Aufträge/Nachträge
2.2 Leistungsgarantie
2.3 Versicherungen
2.4 Pönalen

3. **Abrechnungs-,Liefer-,Versandunterlagen**
3.1 Kunden-Abrechnungsunterlagen
3.2 Rechnungen
3.3 Liefer-/Versandpapiere
3.4 Zolldokumente

4. **Kalkulationsunterlagen**
4.1 Kostenplan
4.2 Mitkalkulation
4.3 Sonstige Kalkulationsunterlagen

5. **Lieferanten/Unterauftragnehmer (extern)**
5.1 Verträge mit Unterauftragnehmern
5.2 Lieferscheine
5.3 Rechnungen

6. **Arbeitsunterlagen**
6.1 Anforderungsprofil
6.2 Pflichtenheft

7. **Technische System-/Anlagendokumentation**

8. **Planungsunterlagen**
8.1 Auftragsstruktur
8.2 Projektstruktur
8.3 Interner Abwicklunsgterminplan
8.4 Kundenorientierter Terminplan
8.5 Arbeitspaketaufträge/Nachträge

9. **Berichte**
9.1 Arbeitspaketberichte
9.2 Projektberichte
9.3 Fortschrittsanalysen
9.4 Kundenberichte

10. **Schriftverkehr/Notizen**
10.1 Schriftverkehr extern
10.2 Schriftverkehr intern und Aktennotizen
10.3 Projektbesprechungsprotokolle

11. **Aufgabenliste**

☑ **11. Check**: Wie zufrieden sind Sie mit dem Reporting und der Dokumentation für Ihr Projekt?

2.8 Wie Sie von Anfang an die Wirtschaftlichkeit des Projekts sichern

Betrachten wir das Beispiel: Entwicklung eines neuen Produkts. Was glauben Sie? Zu welchem Zeitpunkt der Produktentwicklung haben Sie den größten Einfluss auf die Kosten Ihres Produkts? In der Produktion? In der Entwicklung? Beim Vertrieb (Rabatte)? In der Phase der Einkaufsverhandlungen?

Natürlich, Sie haben es richtig eingeschätzt, weder noch, sondern in der Konzeptphase.

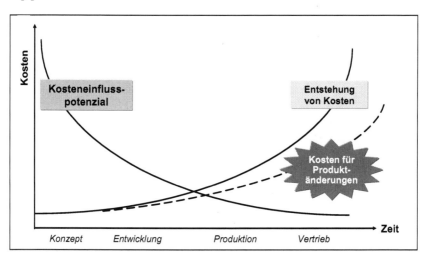

Abb 2.10. Das größte Kosteneinflusspotenzial besteht in der Konzeptphase. Bis zu 80% der Kosten werden in dieser Phase festgelegt.

In der Konzeptphase haben Sie den größten Einfluss auf die Kosten eines Produkts. Je weiter sich Ihr Projekt in einer späteren Phase befindet, umso geringer ist Ihr Einfluss auf die Kosten, insbesondere die Herstellkosten. Aber: Je weiter Ihr Projekt fortgeschritten ist, umso größer wird der Aufwand für nachträgliche Produktänderungen.

Zu welchem Resümee gelangen Sie, wenn Sie besonders erfolgreiche und erfolglose Produkte analysieren würden? Welche Produkte hatten die größten Änderungsaufwendungen, die erfolgreichen oder die erfolglosen? Denken Sie einen Moment darüber nach und lesen Sie erst dann weiter, wenn Sie eine Antwort gefunden haben.

Vielleicht ist es Ihnen nicht einfach gefallen, eine eindeutige Antwort zu finden. Zu dieser Fragestellung habe ich in unterschiedlichen Firmen zahlreiche Projekte analysiert. Das Ergebnis war erstaunlich. Projekte, die zu überaus erfolgreichen Produkten führten, hatten eindeutig die größere Anzahl von Änderungsschleifen. Aber!! Die erfolgreichen Produkte hatten ihre Änderungsschleifen in den ersten Phasen des Projekts, d.h. Produktdefinition, Konzeptphase bis zur Freigabe des Pflichtenheftes. Erfolglose Produkte hatten in ihrem Projektablauf in den ersten Phasen relativ wenige Änderungen. Allerdings zum Ende des Projekts, insbesondere bei der Überführung in die Serienfertigung und bei der Einführung in den Markt, wurden oft sehr aufwendige Schleifen und kostspielige Nachbesserungen durchgeführt. Teilweise waren nachträgliche Änderungen fast so umfangreich wie eine völlig neue Produktentwicklung.

Was können Sie für Ihre Projekte daraus ableiten? Achten Sie darauf, dass Sie von Anfang an und vor allem in der Definitionsphase über möglichst umfangreiche Marktinformationen und fundierte Vorgaben verfügen, z. B. Zielkunden, Anwendungen, Anforderungen, Vor- und Nachteile der Wettbewerbsprodukte, Zielpreise. Lassen Sie sich aber auch die Zeit, technologisch alternative Lösungen parallel auf ihre Verwendbarkeit zu prüfen. Gründlichkeit in der Konzeptphase führt meistens zu einem beschleunigten Durchlauf des Projekts nach der Prototypenphase. Es führt ebenso zu einem besser verkaufbaren Produkt mit höherer Kundenzufriedenheit. **Time to Market verkürzen Sie nicht durch Aktionismus, sondern durch bessere Vorgaben und schnellere Entscheidungen!**

Erfolgreiche Produkte haben mehr Änderungsschleifen in der Definitionsphase als erfolglose. Wenn Sie diese Änderungsaufwendungen kostenmäßig bewerten, werden Sie feststellen, so wie es auch Abb. 2.10 zeigt, dass Änderungen in der frühen Phase deutlich kostengünstiger durchzuführen sind als Änderungen in der Endphase des Projekts. Im Übrigen gilt das auch für den Ressourcenaufwand. Frühe Änderungen binden weniger Ressourcen als späte Änderungen. Wenn man die Hoffnung hat, man könnte ein verspätetes Projekt in seiner Endphase durch zusätzliche fremde Ressourcen (etwa durch Outsourcing bestimmter Entwicklungspakete) beschleunigen, erlebt man oft eine böse Überraschung. Der zusätzliche Abstimmungsaufwand führt zu einer weiteren Verzögerung.

„More manpower to a late project makes it later !!!"

Ihre Kunst als Projektleiter besteht also darin, frühzeitig und konsequent den Ressourcenbedarf einzufordern, den Ihr Projekt benötigt. Planen Sie unbedingt je nach Projektrisiko mindestens 10 bis 20 % Reserve ein. Sie werden diese zusätzlichen Ressourcen mit Sicherheit später benötigen.

Die Kostenrechnung wurde aufgrund der fortschreitenden Marktorientierung vieler Unternehmen in den letzten Jahren den Anforderungen des Marktes weiter angepasst.

Target-Pricing. Statt erst nach realisierter technischer Lösung den Preis des neuen Produktes zu kalkulieren, wird der zu erreichende Zielpreis bereits im Anforderungsprofil vorgegeben. Untersuchen Sie, welche vergleichbaren Produkte bereits am Markt angeboten werden. Dies ist in vielen Unternehmen die typische Aufgabe des Produktmanagers bzw. des Vertriebs. Welche Leistungsmerkmale haben diese Produkte und zu welchem Preis werden sie angeboten? Aufgrund der eigenen Positionierung am Markt und der zu erwartenden Produktvorteile, der Features und Benefits, lässt sich nun der zukünftige Preis des neuen Produkts abschätzen. Rechnen Sie aufgrund Ihrer internen Kalkulation rückwärts vom Zielpreis (Target price) zu den Zielherstellkosten HK_{Target}.

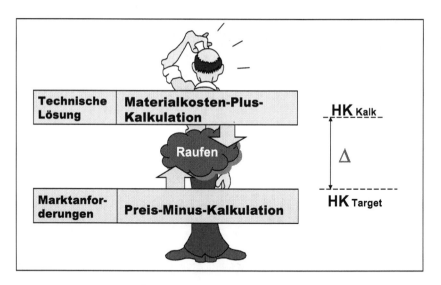

Abb.2.11 Target Pricing: Ändern Sie die Richtung Ihrer Kalkulations-Denkweise: Vom Markt zur technischen Lösung. Vergleichen Sie die Zielherstellkosten mit den tatsächlichen. bzw. realisierbaren Herstellkosten.

Sehr häufig kalkulieren Hersteller von Standardprodukten mit einem fixen Faktor, z. B. Faktor 0,25, um vom Zielpreis (auf Listenpreisbasis) zu den Zielherstellkosten (HK_{Target}) zu gelangen. Diese Vorgehensweise ist in vielen

Fällen nicht ratsam, da der Listenpreis einen rein virtuellen Preis darstellt. Deshalb empfiehlt es sich, als Bezugsgrößen statt Listenpreise besser Marktpreise bzw. Transferpreise zu nutzen. Der Marktpreis ist der durchschnittliche Netto-Verkaufspreis über alle verkauften Produkte, d. h. der Preis, der tatsächlich von den meisten Kunden bezahlt wird. Der Transferpreis ist der Netto-Abgabepreis z.B. an die Vertriebsgesellschaft.

Sie als Projektleiter sollten möglichst frühzeitig eine erste Herstellkosten-Abschätzung (HK $_{kalkuliert}$) treffen. Vergleichen Sie diese „technischen" Herstellkosten mit den Ziel-Herstellkosten (HK $_{Target}$) „vom Markt". Sehr häufig werden Sie eine Abweichung feststellen. Besteht eine Differenz zwischen HK $_{kalkuliert}$ und HK $_{Target}$, gilt es, die Ursachen dieser Differenz zu untersuchen.

Welche Ursachen können das sein? Einerseits könnten Anforderungen aus dem Markt vom Produktmanagement zu ehrgeizig definiert werden. Vielleicht wurden zu viele Funktionen gefordert oder Leistungsmerkmale zu hoch angesetzt. Andererseits kann die Ursache auch aus der technischen Lösung resultieren. Der erste Ansatz berücksichtigt zu wenig Kostensenkungspotenziale. Vielleicht ist der Automatisierungsgrad in der Fertigung zu gering und damit sind die direkten Fertigungskosten zu hoch. Auf jeden Fall sollten Sie dieses Thema ausführlich in Ihrer Projektsitzung besprechen.

Projektkosten. Natürlich zählen zu den Projektkosten die üblichen Kosten wie z. B. Personalkosten, Werkzeugkosten, Investitionen, die direkt diesem Projekt zuzuordnen sind. Aber denken Sie auch an versteckte Projektkosten wie z. B. Betreuungsaufwand für externe Dienstleister und Kooperationspartner, Zulassungen, Reisekosten usw. Um möglichst frühzeitig eine Aussage über die Wirtschaftlichkeit eines Projekts zu treffen, sollten Sie eine ROI-Abschätzung durchführen.

☑ **12. Check**: Haben Sie den Targetpreis bzw. die Zielherstellkosten sowie Zielprojektkosten festgelegt?

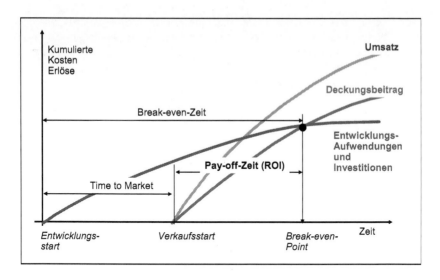

Abb.2.12 Wirtschaftlichkeitsbetrachtung. Nach welcher Pay-off-Zeit erreichen Sie den Break-even-Point?

Mit dem Start der Entwicklung entstehen die laufenden Projektkosten. Wie Sie an der Grafik erkennen, werden mit dem Verkaufsstart Umsatz und ein entsprechender Deckungsbeitrag generiert. Interessant ist nun die Frage, warum in der o.g. Kurve nach dem Verkaufsstart – obwohl das Projekt zu diesem Zeitpunkt eigentlich abgeschlossen sein sollte – die Entwicklungsaufwendungen weiter steigen. Tatsächlich verhalten sich viele Projekte genau so. Selbst nach einem guten Projektabschluss muss das Produkt optimiert, gepflegt und betreut werden. Diese Redesign-, Anpassungs- und Pflegekosten sollten in der Wirtschaftlichkeitsbetrachtung unbedingt berücksichtigt werden. Ebenso ist es sinnvoll, in die Wirtschaftlichkeitsbetrachtung nicht nur die reinen Projektkosten aufzunehmen, sondern auch die Markteinführungskosten.

Um zu einer aussagefähigen Beurteilung der Wirtschaftlichkeit Ihres Projektes zu gelangen, betrachten Sie u.a. die Pay-off-Zeit. Erfahrungen bei High-Tech-Produkten zeigen: Es ist heute nicht mehr zweckmäßig, eine fixe Pay-off-Zeit zu definieren, bis wann sich Projekte einer bestimmten Kategorie gerechnet haben sollen. Sinnvoller ist es, die Pay-off-Zeit in Abhängigkeit von der Produktlebenszeit zu sehen. Die Produktlebenszeit ist die Zeitspanne, in der man ein Produkt aktiv vermarkten kann, bevor man wieder ein Nachfolgeprodukt entwickeln muss oder bedeutende Investitionen, z.B. in der Produktion, erforderlich sind.

Aufgrund von Untersuchungen in zahlreichen Projekten hat sich für High-Tech-Produkte folgende Faustregel herausgestellt: Um zu einer guten Deckung zu kommen, sollte die Pay-off-Zeit maximal 0,5 der Produktlebenszeit betragen.

Beispiele:
Produktlebenszeit: 8 Jahre
Pay-off-Zeit: < 4 Jahre
Produktlebenszeit: 3 Jahre
Pay-off-Zeit: < 1,5 Jahre

Sie erkennen daran: Je kürzer die Produktlebenszeit ist, umso kritischer wird es mit diesem Produkt Ertrag zu erwirtschaften. In diesem Fall muss alles stimmen: Time to Market, technische Qualität, rasche Markteinführung.

> ☑ **13. Check**: Wie zufrieden sind Sie mit der Wirtschaftlichkeit (z.B. Pay-off-Zeit) Ihres Projekts?

2.8.1 Mit der marktorientierten Funktionsanalyse optimieren Sie die Produktkosten

Stellen Sie sich vor, Sie haben sich entschieden, ein außergewöhnlich erfolgreiches Top-Produkt zu entwickeln. Vom Ehrgeiz getrieben definieren Produktmanager zahlreiche Anforderungen, hohe Qualitätsstandards, Features, umfangreiche Varianten und Optionen. Einige meinen: „Ein richtig gutes Produkt sollte alles können, was andere Wettbewerbsprodukte können. Darüber hinaus sollte es sich vom Wettbewerb deutlich abheben. Mindestens ein USP (Unique Selling Proposition) ist gewünscht. Das neue Produkt sollte einen Added Value gegenüber anderen Wettbewerbern bieten." „Und dann sollte das neue Produkt sehr kostengünstig sein und damit zu einem unschlagbaren Preis angeboten werden" fügt Ihr Vertriebskollege hinzu. Sie ahnen in welche Falle dieses Projekt hineinsteuert: Over-Engineering bzw. die „eierlegende Wollmilchsau". In diese Falle tappen leider nicht die Faulen, sondern die Fleißigen und Ehrgeizigen.

Die marktorientierte Wertanalyse ist eine einfache Methodik, um aus dieser Falle herauskommen. Zunächst werten Sie Wettbewerbsangebote aus. Sie checken, zu welchem Preis Wettbewerber eine bestimmte Produkt anbieten. Daraus leiten Sie den ungefähren Zielpreis des neuen Produktes ab. Aus dem Zielpreis und dem internen Faktor errechnen Sie die Ziel-Herstellkosten.

Die hauptsächlichen Kostentreiber beim Over-Engineering sind meistens zu viele Funktionen. Listen Sie die Funktionen Ihres Produkts auf. Definieren Sie die wichtigsten Zielgruppen (z. B. Länder oder Applikationen). Schätzen Sie ab, wie viel Prozent der typischen Kunden innerhalb einer Zielgruppe die jeweilige Funktion wirklich benötigen. Gehen Sie alle Funktionen durch. Zusätzlich schätzen Sie den relativen Wert der Funktion für den Kunden von 10 (= höchster Wert) bis 1 (= niedrigster Wert) ab. Schon mit diesen einfachen Bewertungen werden Sie schnell erkennen, welche Funktionen unnötig sind.

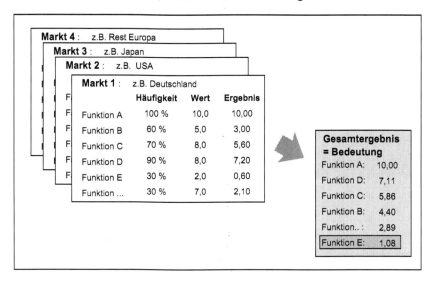

Abb.2.13 Mit der Wertanalyse optimieren Sie die Produktkosten. Häufigkeit: Wieviel Prozent der typischen Kunden verlangen diese Funktion? Wichtigkeit: (Wert) Wie wichtig ist diese Funktion für die betreffenden Kunden? Wieviel kostet die Realisierung der betreffenden Funktion? Wieviel ist der Kunde bereit dafür zu zahlen?

Möchten Sie es noch genauer ermitteln, multiplizieren Sie pro Funktion und Zielgruppe jeweils die Häufigkeit mit dem relativem Wert (= Bedeutung). Ggf. errechnen Sie das arithmetische Mittel der jeweiligen Funktion über alle Zielgruppen. Ermitteln Sie die Funktionskosten und ordnen Sie diese der Bedeutung pro Funktion zu. Übertragen Sie die Werte ins Zielkosten-Kontroll-Diagramm. Jetzt können Sie eindeutig erkennen, welche Funktionen Sie realisieren sollten und welche nicht. Oberhalb der Diagonalen steht die Ampel auf Rot, unterhalb auf Grün. Diese Methodik sieht auf den ersten Blick etwas komplizierter aus als sie es wirklich ist. Sie können auch PC-gestützte Tools einsetzen (z. B. INNOplan), dann ist die marktorientierte Funktionsanalyse sehr einfach durchzuführen.

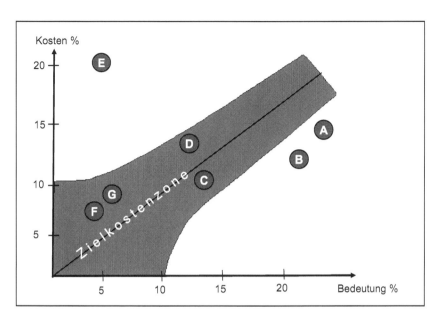

Abb.2.14 Zielkosten-Kontrolldiagramm. Linker oberer Bereich: rot. Rechts unten: grün. Funktion E ist gemessen an ihrer Bedeutung zu teuer realisiert. Funktion D, F und G sind gerade noch akzeptabel.

2.8.2 Bewertung von Produktideen mit INNOplan

Unzureichende Lastenhefte und fehlende Systematik im Produktmanagement führen zwangsläufig zu kostspieligen Schleifen und zu teuren Produkten. Struktur und Systematik sind deshalb schon vor der Realisierung neuer Produkte erforderlich. Dabei geht es um die richtige Entscheidung: „In welches Entwicklungsvorhaben sollen kostbare Entwicklungsressourcen investiert werden? Welches Projekt bringt den besten Kapitalrückfluss?" Zwei Erfolgsursachen im Innovationsprozess für neue Produkte führen zu überdurchschnittlich guten Ergebnissen: Umfassende Vorklärung des Projekts im interdisziplinär zusammengesetzten „Powerteam" und konsequente Nutzung intelligenter Tools in der Definitionsphase. Die richtige Systematik zum Bewerten von Entwicklungsvorhaben führt zu nachvollziehbaren Entscheidungsgrundlagen und qualifizierten Vorgaben für die Entwicklung. Als praktikables Software-Tool zur kostenorientierten Produktplanung empfiehlt der Autor das Programm **INNOplan** der Firma MSC Management Seminar Center GmbH, Sinsheim (www.peterkairies.de).

Bewerten von Entwicklungsvorhaben in sechs Schritten
Die systematische Bewertung von Entwicklungsvorhaben ist Grundlage für die Priorisierung und den Einsatz kostbarer Entwicklungsressourcen. Es empfiehlt sich, die Bewertung in 6 Schritten durchzuführen.

Schritt 1: Anforderungsprofil definieren
Das Anforderungsprofil besteht aus vier Teilen: Markt, Technik, Kosten und Termine. Hier werden die Anforderungen an das neue Produkt festgelegt. Dabei werden neben den technischen Merkmalen und Funktionen die Zielgruppen, z.B. Länder, Branchen, Applikationen, wichtige Key Accounts sowie Wettbewerbsdaten, berücksichtigt. Das Kostenmanagement in der Definitions- und Konzeptphase hat den größten Einfluss auf das Ergebnis. Deshalb muss das Target Costing möglichst frühzeitig bei der Erstellung des Anforderungsprofils vor allem vor der Freigabe des Pflichtenhefts einsetzen. Hierbei spielen Preise für derzeitig angebotene Lösungen, der Kundennutzen und vor allem die Akzeptanz des Zielpreises für das neue Produkt eine entscheidende Rolle. Wichtig dabei ist ebenfalls, dass Zielpreise die zukünftig zu erwartende Marktentwicklung widerspiegeln.

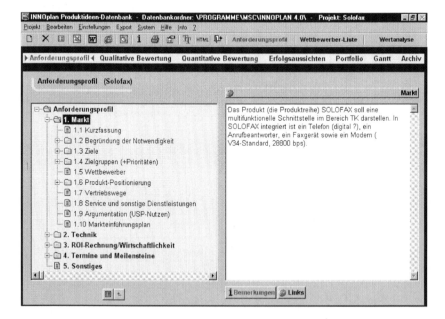

Abb.2.15 Das Anforderungsprofil ist Basis der weiteren Produktentwicklung

In einer Wettbewerberübersicht werden vergleichbare Wettbewerbsprodukte sowie deren Listen- und Marktpreise erfasst. Die Daten helfen, den Zielpreis sowie die Zielherstellkosten für das eigene Produkt festzulegen. Sobald möglich werden Zielherstellkosten und tatsächliche Herstellkosten gegenübergestellt.

Wertanalyse schützt vor Over-Engineering
Im Modul „Wertanalyse" werden die Hauptfunktionen des neuen Produkts definiert und nach Ländern bzw. nach Zielgruppen bewertet. Ziel ist es, die „Spreu vom Weizen" zu trennen, d.h. solche Funktionen zu vermeiden, die eher selten gefragt sind und zu ungerechtfertigten Aufwendungen führen. Statt dessen sollen die Funktionen realisiert werden, die zu den Muss-Funktionen zählen und solche, die Kunden einen besonderen Mehrwert im Vergleich zum Wettbewerb bieten. Dazu werden die Länder nach erreichbaren Marktpotenzialen priorisiert. Folgende Fragen helfen, Produkte kostenoptimiert zu definieren: Wie häufig wird welche Funktion von den typischen Kunden einer Zielgruppe nachgefragt? Wie wichtig ist dem typischen Kunden die angebotene Funktion? Wieviel ist er bereit dafür zu zahlen? Wieviel kostet die Realisierung der einzelnen Funktion? Die Funktionen werden nach Häufigkeit und Wert der im Anforderungsprofil definierten Zielgruppen abgeschätzt. Im Vergleich mit den Kosten der einzelnen Funktionen ergibt sich nach der Auswertung ein Ranking, welche Funktionen realisiert werden sollten und welche nicht.

Schritt 2: Qualitative Bewertung von Erfolgskriterien
Lässt sich die Erfolgsfähigkeit eines neuen Produkts vorhersagen? Auf welche kritischen Faktoren muss man achten? Die Auswertung zahlreicher empirischer Untersuchungen hat gezeigt, dass die Erfüllung bestimmter Grundkriterien für den Erfolg neuer Produkte von katalytischer Wirkung sind. Die qualitative Bewertung beleuchtet das Produktvorhaben aufgrund dieser kritischen Erfolgskriterien. Dabei werden relevante Aspekte wie Erfüllungsgrad von Kundenanforderungen, Marktattraktivität, Wettbewerbsstärke, Dienstleistungen, Knowhow und Ressourcen in Entwicklung und Produktion, Marketing, Vertriebsstärke sowie Dringlichkeit und strategische Bedeutung des Vorhabens berücksichtigt. In 10 Gruppen werden jeweils bis zu 10 Kriterien bewertet. In der Standardvorlage von INNOplan® sind zu allen Kriterien Definitionen hinterlegt. So werden Bewertungen verschiedener Entwicklungsvorhaben vergleichbar und nachvollziehbar. Erfahrungen haben gezeigt, dass diese Einschätzungen die besten Ergebnisse liefern, wenn sie im kleinen, interdisziplinären Team vorgenommen werden. Federführend sollte der Produktmanager sein. Die qualitative Bewertung zeigt auf, wo das neue Produkt seine Stärken und Schwächen hat.

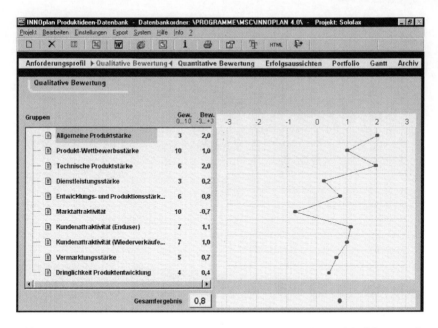

Abb.2.16 Die Qualitative Bewertung beleuchtet kritische Erfolgsfaktoren. Sie erkennen rechtzeitig Stärken und Schwächen.

Schritt 3: Quantitative Bewertung (ROI)

Der entscheidende Punkt: Rechnet sich das Produkt? Das Thema „Einschätzen der Wirtschaftlichkeit im frühen Stadium der Entwicklung" wird in vielen Unternehmen noch immer in seiner Bedeutung unterschätzt und teilweise falsch angegangen. Da sich die Preis- und Kostensituation, z. B. in Abhängigkeit von der Stückzahl im Laufe der Jahre verändern kann, sollte die ROI-Rechnung unbedingt auf der Basis des gesamten Produktlebenszyklus erfolgen. Grundlage der Bewertung ist deshalb die Einschätzung des voraussichtlichen Lebenszyklusses des neuen Produkts. Wie lange wird sich das Produkt verkaufen lassen, bis ein Redesign oder ein Nachfolgeprodukt bzw. neue Investitionen erforderlich sind? Dazu werden die Projektkosten „Time to Market" sowie pro Jahr Listenpreise, Durchschnittsrabatte, Stückzahlen, Herstellkosten, aber auch jährlich anfallende Fixkosten wie z.B. Produktpflegekosten und Marketingkosten über den gesamten Produktlebenszyklus erfasst. Die Einschätzung kann auch in einem Szenario erfolgen, d.h. als Worst-case- und Best-case-Betrachtung. Dazu steht ein Szenario-Manager zur Vergügung.

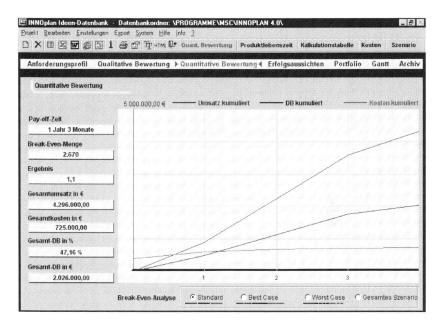

Abb.2.17 Quantitative Bewertung: Wie gut rechnet sich das geplante Produkt? Mit Hilfe des Szenario-Managers führen Sie Best-case- und Worst-case-Betrachtungen durch. So erkennen Sie die „wirtschaftliche Stabilität" des Projekts.

Die quantitative Bewertung zeigt kumulierte Umsätze, Deckungsbeiträge und Fixkosten sowie Break-even-Point, Pay-off-Zeit und weitere Kennzahlen auf.

Schritt 4: Verdichten zum Gesamtergebnis: Erfolgswahrscheinlichkeit des neuen Produkts

Sämtliche qualitativen und quantitativen Einzelbewertungen werden zu einem Gesamtergebnis verdichtet und in einer „Ampel" angezeigt. Diese Kennzahl auf der Skala -3 bis +3 ist eine gute Orientierungshilfe für die Priorisierung von Projekten. Insbesondere der Vergleich mehrerer Projekte macht eine transparente Prioritätenliste möglich:

- **Rot**: Ergebnis kleiner als -1 bedeutet: Das Projekt nicht realisieren.
- **Gelb**: Ergebnis -1 bis +1: Das Projekt nach den identifizierten Stärken und Schwächen kritisch prüfen und ggf. Schwachpunkte beseitigen.
- **Grün**: Ergebnis größer als +1: Das Projekt hat gute bis sehr gute Erfolgsaussichten.

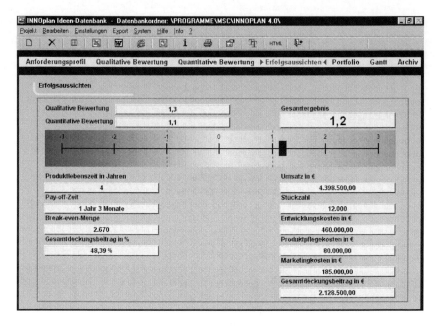

Abb.2.18 Erfolgswahrscheinlichkeit einer Produktidee auf der Skala -3 bis + 3. Das obige Projekt hat gute Erfolgsaussichten, da sowohl die qualitative als auch die quantitative Bewertung sich im günen Bereich (> 1) befindet.

Schritt 5: Innovationsportfolio: Entscheidung für das richtige Produkt
„Ideen sind Gold wert": Produktideen sollten in der Produkt-Ideen-Datenbank gesammelt werden. Die bewerteten Entwicklungsprojekte können per Klick in einem Portfolio-Diagramm dargestellt werden. Das Innovations-Portfolio zeigt Marktchancen und Wirtschaftlichkeit verschiedener Projekte auf. Damit haben Sie eine Übersicht über alle Projekte und Entscheidungshilfen für die richtige Priorität. Im Modul Archiv legen Sie alle relevanten Dokumente wie Sitzungsprotokolle, Zeichnungen, Wettbewerbsinformationen ab.

Schritt 6: Projekte planen und durchführen
Als Planungstools haben sich einfache Visualisierungen auf der Basis von Gantt-Diagrammen bewährt. Erfasst werden Meilensteine und die Dauer einzelner Aufgabenblöcke. Nach Abschluss des Projekts sollten die ursprünglich geplanten mit den tatsächlich realisierten Zeiten verglichen werden. Daraus lassen sich Schlussfolgerungen für weitere Projekte ziehen.

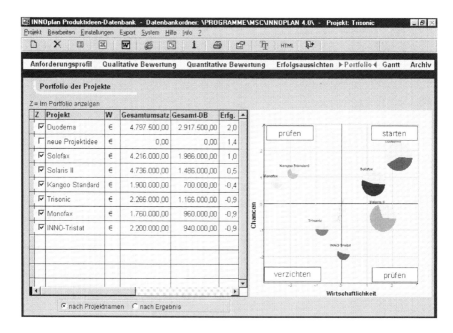

Abb.2.19 Weniger ist mehr. Konzentration statt Verzettelung. Mit dem Innovationsportfolio treffen Sie nachvollziehbare Entscheidungen. Welche Projekte sollen gestartet werden, welche geprüft und auf welche verzichtet werden? Verschwenden Sie kostbare Ressourcen nicht für unwirtschaftliche Projekte.

2.9 Projektcontrolling: Überwachen und steuern Sie Ihr Projekt

Projektcontrolling erfordert es, den Fortschritt des Projekts zu überwachen: Die Sache anhand des Pflichtenhefts, die Termine anhand des Grob-Terminplans bzw. des Gantt-Diagramms, die Erledigung der in den Projektsitzungen festgelegten Aufgaben anhand der Aufgabenliste.

Wer hat welche Controlling-Aufgaben im Projekt? Natürlich obliegt dem Projektleiter die Verantwortung für das gesamte Projekt. Machen Sie dennoch allen Beteiligten klar, dass jeder im Kernteam oder im erweiterten Team eine Teilverantwortung hat. Ein Teil-Projektleiter ist verantwortlich für die Ergebnisse in seinem Teil-Projekt. Also ist er auch dafür verantwortlich, dass er während der Durchführungszeit sein Unterteam steuert.

Überwachen Sie auch das Einhalten der Kosten, insbesondere der Herstellkosten. Vergleichen Sie die tatsächlichen mit den Zielherstellkosten. Überprüfen Sie auch die Projektkosten und die Einhaltung des Budgets. Entscheider möchten häufig wissen, wo Projekte stehen. Ein Fehler, der gerne von Projektleitern gemacht wird: Sie erschlagen Entscheider mit zu vielen Details. Nutzen Sie z.B. für Entscheider das Ampel-Prinzip.

Ampel 1 steht für den **Zielerreichungsgrad der Technik** bzw. der Projektziele
Ampel 2 steht für das **Einhalten der Termine**
Ampel 3 steht für das **Einhalten der definierten Kostenziele**
Ampel 4 steht für die **Motivation des Teams**

Rot bedeutet „relevante Abweichungen". Das Projektziel ist stark gefährdet.
Gelb bedeutet „leichte Abweichungen"
Grün bedeutet „keine Abweichungen", das Projektziel wird mit großer Wahrscheinlichkeit im vorgegebenen Rahmen realisiert.

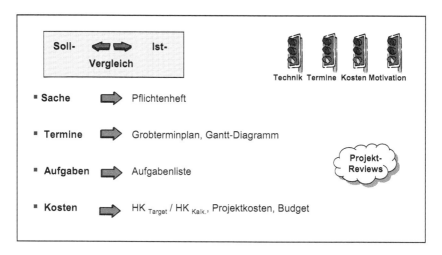

Abb.2.20 Projektcontrolling: Überwachen und steuern Sie Ihr Projekt

2.10 Identifizieren Sie Projektrisiken rechtzeitig

„Daran hätten wir gleich denken können! Dieses Problem hätte uns nicht überraschen müssen." Haben Sie diese Aussagen schon mal gehört? Mit einer Risikoanalyse, die rechtzeitig durchgeführt wird, können Sie die eine oder andere Schwierigkeit frühzeitig erkennen und präventiv darauf reagieren. Ich habe allerdings auch Projekte erlebt, in denen fleißige Ingenieure sich mit hunderten von Risiken auseinandergesetzt haben und keine Zeit mehr hatten, sich mit dem Fortschritt des Projekt zu beschäftigen.

Tipp: Führen Sie möglichst frühzeitig eine Risikoanalyse durch: Angemessen für die Projektgröße, einfach und pragmatisch.

Woher können Projektrisiken herrühren? Risiken entstehen vor allem bei neuen Projekten, z.B. mit hohem Innovationsgrad, neuen Einsatzbedingungen, für die noch keine Erfahrungen vorliegen oder neue Technologien. Manchmal gibt es auch Ablaufrisiken, d.h. Termine sind sehr eng, Kosten zu niedrig geplant und die Fertigung liegt im Ausland. Typischen Risiken, die zu Überraschungen führen, sind Schnittstellenprobleme. Bereichsübergreifende Informationen werden schlecht oder gar nicht ausgetauscht. Es mangelt an Kommunikation an diesen

Schnittstellen. Damit entstehen auch technische Missverständnisse und Unzulänglichkeiten.

Risiken können allerdings auch aus dem Ressourcenbedarf resultieren. Es stehen zu wenig Ressourcen zur Verfügung. Vielleicht fehlt auch das nötige Knowhow. Vielleicht werden aber auch Zulieferer nicht genügend einbezogen.

Eine einfache Risikoanalyse können Sie mit Hilfe der Metaplantechnik durchführen. Setzen Sie sich im interdisziplinären Team zusammen und sammeln Sie auf Kärtchen alle Risiken, die Sie in Ihrem Projekt erkennen. Risiken, verursacht durch Technik, Schnittstellen, Ressourcen. Oder Risiken, die im Ablauf des Projekts auftreten können oder am Ende bei der Serienfreigabe. Fassen Sie die Kärtchen in Clustern zusammen. Bewerten Sie diese Cluster. Z.B. könnte eine Risikobewertung so aussehen, dass Sie zunächst die Auswirkung bewerten, d. h. den „Schaden", der durch Eintreten des Risikos entstehen kann. Nutzen Sie als Skala die Zahlen von 1 bis 10. „1" bedeutet „sehr kleiner Schaden". „10" bedeutet „extrem großer Schaden". Schätzen Sie als zweites die Wahrscheinlichkeit des Auftretens ein, d.h. wie wahrscheinlich ist es, dass dieses Risiko auftritt, ebenfalls von 1 (sehr niedrig) bis 10 (sehr wahrscheinlich).

Der Risikofaktor R errechnet sich, indem Sie die Auswirkung mit der Wahrscheinlichkeit multiplizieren. Achtung: Die Erfahrung zeigt, dass ein Risikofaktor von ca. 20 ein sehr ernst zu nehmender Risikofaktor ist. Prüfen Sie aber auch, auf welchem Pfad dieser Risikoanteil auftritt. Bestimmen Sie den kritischen Pfad und überlegen Sie sich genau, wer auf diesem kritischen Pfad für welche Aufgaben verantwortlich ist. Risiken können auch durch menschliches Verhalten entstehen. Unzuverlässigkeit, unpräzise Aussagen, ungenügendes Qualitätsbewusstsein usw.

Wann sollte man die erste Risikoanalyse durchführen? Bei Entwicklungsprojekten sollte die erste Risikoanalyse bereits in der Phase des Anforderungsprofils (technisches Lastenheft) erfolgen. In dieser Phase geht es um die Entscheidungsvorlage, um das Projekt starten zu können. Der zweite sinnvolle Zeitpunkt für eine Risikoanalyse ist kurz vor der Freigabe des Pflichtenhefts.

Eine kleine Warnung: Beschäftigen Sie sich nicht zu ausführlich mit Risiken, auf die Sie sowieso keinen Einfluss haben. Risiken vorhersehen und präventiv handeln ist nur gut für solche Risiken, die Sie auch tatsächlich präventiv in den Griff bekommen können. Leider sind das die wenigsten. Das wichtigste bei der Risikobewertung ist es zu erkennen, welche Risiken auf keinen Fall tragbar sind.

Daraus sollte eine adäquate Entscheidung folgen. Im Risikofall gilt es, flexibel, schnell und energisch lösungsorientiert zu handeln.

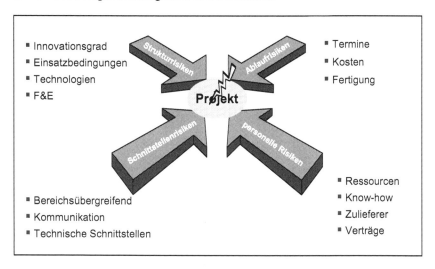

Abb.2.21 Identifizieren Sie Projektrisiken rechtzeitig. Führen Sie eine Risikoanalyse durch.

☑ **14. Check**: Haben Sie eine der Projektgröße angemessene Risikoanalyse durchgeführt?

Tipp: Führen Sie Risikoanalysen immer im interdisziplinären Team durch. Vermeiden Sie unnötige Diskussionen.

2.11 Führen Sie Ihr Team

Kennen Sie den Unterschied zwischen einer Fachkraft und einer Führungskraft? Womit beschäftigt sich eine Fachkraft? Wann ist man als Fachkraft besonders akzeptiert? Fast jeder hat seine berufliche Laufbahn als Fachkraft begonnen. Als Fachkraft beschäftigt man sich vorwiegend mit fachlichen Themen. Oft glaubt man, je mehr Wissen man zu einem Fachgebiet anhäuft, umso mehr ist man als Fachkraft auch respektiert. Man weiß, man wird dann besonders geschätzt, wenn man in der Lage ist, sein Fachwissen nutzbringend für die gegebenen Aufgabenstellungen anzuwenden.

Womit beschäftigt sich nun die Führungskraft? Eine Führungskraft beschäftigt sich nicht hauptsächlich mit fachlichen Themen, sondern mit Menschen. Eine Führungskraft stellt sich die Fragen: „Wie bringe ich Herrn Meier dazu, dass er diese Aufgabe mit Begeisterung übernimmt? Was muss ich tun, um alle Projektmitarbeiter in ein Boot zu bringen? Wie gelingt es mir, die Motivation im Projektteam zu fördern?" Die Führungskraft beschäftigt sich nicht mit fachlichen Themen (bei ihrer Hauptaufgabe zu führen), sondern mit Menschen.

Als Projektleiter haben Sie in der Regel zwei Herausforderungen. Einerseits müssen Sie Projektteam-Mitglieder und andere führen, das ist eine Führungsaufgabe und Sie sind wirklich Führungskraft. Auf der anderen Seite sind Sie als Projektleiter oft Ihr bester Mitarbeiter. Je nach Größe und Organisation Ihrer Firma kann es sein, dass Sie auch der wichtigste Experte in Ihrem Projekt sind, dann sind Sie auch Fachkraft. Wenn Sie als Projektleiter wirklich erfolgreich sein wollen und Ihren Führungsaufgaben gerecht werden wollen, müssen Sie Ihren Blickwinkel ändern. Ändern Sie Ihren Fokus. Lösen Sie sich von den rein fachlichen Themen. Lösen Sie sich von Ihrem 19-Zoll-Horizont und fokussieren Sie sich auf die Menschen, die Ihr Projekt zum Erfolg bringen können, Ihre Projektmitarbeiter, Entscheider, Dienstleister usw. auf Ihr Unternehmen auf Zeit.

Was bedeutet führen? Führen bedeutet: Alle am Projekt beteiligten Mitarbeiter so zu lenken, dass das Projektziel erreicht wird und innerhalb der vorgegebenen Zeit erfolgreich abgeschlossen wird. Was ist das Besondere am Führen von Projektteams? Als Projektleiter sind Sie Führungskraft auf Zeit, aber Sie verfügen meistens nicht über die formellen Kompetenzen eines Abteilungsleiters oder Bereichsleiters oder sogar eines Geschäftsführers. Trotzdem sind Sie für das Ergebnis des Projekts verantwortlich.

Das heißt, als Projektleiter bedarf es einer besonderen Art der Führung. Natürlich müssen Sie mit einem Mindestmaß an Kompetenzen ausgestattet sein. Sie sind autorisiert, fachliche Aufgaben im Rahmen des Projektes zu verteilen. Sie dürfen Meetings einberufen und sich alle Informationen beschaffen, die für Ihre Projektarbeit erforderlich sind. Aber wirkliche Führungskompetenz erfordert mehr als das.

Auch wenn die nachfolgende Aussage sehr unbeliebt ist und bei dem einen oder anderen Projektleiter zu Irritationen führt: Als Projektleiter akzeptierte Führungskraft zu sein, erfordert in erster Linie: Sich Kraft seiner persönlichen Autorität durchzusetzen! Statt darüber zu jammern, das man zu wenig formelle Autorität hat.

Wie kommt es, dass manchen Mitarbeitern besser zugearbeitet wird als anderen? Wie kommt es, dass manche Projektleiter bei gleicher Bedeutung des Projektes mehr Ressourcen bekommen als andere? Hat das vielleicht manchmal mit Durchsetzungsvermögen und persönlicher Führungsautorität zu tun?

Wenn Sie mehr Einfluss haben wollen, wird Ihnen das kaum mit mehr Fachwissen gelingen, sondern nur, wenn Sie permanent die Wirkung Ihrer Persönlichkeit weiterentwickeln.

> ☑ **15. Check**: Verstehen Sie sich in Ihrem Projekt als Führungskraft?

2.11.1 Die 5 „F" des Führens von Projektteams

Die wesentlichen Führungsaufgaben als Projektleiter (wir trennen hier die reinen Führungsaufgaben von den fachlichen Aufgaben) lassen sich anhand der

„F = F + F + F + F" - **Regel** darstellen (auch 5F-Regel).

Führen heißt: Fordern Sie!
Was fordern Sie? Sie fordern, dass Zusagen eingehalten werden. Sie fordern Lösungen von Ihren Projektmitarbeitern, Sie fordern Disziplin, Sie fordern Pünktlichkeit. Sie fordern, dass.....

Führen heißt: Fördern Sie!
Wer fordert, muss auch fördern. Fördern heißt, auf Projektmitarbeiter einzugehen, sie zu unterstützen, sie zu verstehen, Lob und Anerkennung für besondere Leistungen auszusprechen.

Führen heißt: Feedback geben!
Geben Sie Ihren Projektmitarbeitern positives und negatives Feedback. Stellen Sie sich folgende Situation vor. Sie sind Projektleiter eines wichtigen Projektes und befinden sich in einer Projektsitzung. Ihre sechs Projektmitarbeiter sind alle intensiv beschäftigt, allerdings nicht mit Ihrem Projekt und Ihrer Besprechung, sondern mit ganz anderen Themen. Herr Müller kommt 20 Minuten später und erklärt er musste noch ein dringendes Telefonat führen. Herr Meier hat eine Unterschriftenmappe dabei und arbeitet diese eifrig durch. Herr Schmidt diskutiert ununterbrochen mit seinem Nachbarn Herrn Dr. Neubauer. Herr Dr. Klein fummelt ständig an seinem Mobiltelefon herum, und Herr Kurz versucht die Bedienung seines neuen PDA zu durchdringen.

Wie gelingt es Ihnen als Projektleiter, die Disziplin wieder herzustellen? Sie könnten z.B. so tun, als ginge Sie das alles nichts an. Oder Sie verpassen jedem einzelnen einen gehörigen „Anschiss". Oder Sie könnten drohend mit der Faust auf den Tisch schlagen. Die Frage ist nur, welche Wirkung Sie damit erzielen. Auf jeden Fall, Sie müssen reagieren.

Wer als Projektleiter (als Führungskraft) negatives Verhalten akzeptiert, provoziert den Wiederholungsfall und das ist leider ein nachhaltiger Fehler. Irgendwann wird es Ihnen gar nicht mehr gelingen, Ihr Projektteam in den Griff zu bekommen! Jeder Mensch, so auch Projektmitarbeiter, neigen dazu, Grenzen auszuloten. Darum: Zeigen Sie Grenzen auf. Aber die Frage ist, wie? Mein Tipp: Führen Sie spätestens zum Ende der Sitzung eine Feedback-Runde durch. Eine Manöverkritik. Hängen Sie zwei Flipchart-Seiten an die Wand, beschriften Sie die eine mit der Frage: Was haben wir heute gut gemacht? Beschriften Sie die zweite mit der Frage: Was machen wir beim nächsten Mal besser? Bitten Sie jeden einzelnen, ein kurzes Feedback zu geben und zu den Fragen Stellung zu nehmen. Feedback heißt nicht „Fiesback". Notieren Sie die Aussagen Ihrer Projektmitarbeiter und bringen Sie die Flipcharts beim nächsten Mal mit. Vermeiden Sie Diskussionen. Das, was der Einzelne sagt, gilt. Das, was der Einzelne sagt, wird festgehalten. Reflektieren Sie beim nachfolgenden Meeting die besprochenen Verbesserungsvorschläge.

Führen heißt: Festnageln!
Vielleicht haben Sie es selbst in Besprechungen oder Projektmeetings erlebt, dass manchmal sehr unverbindliche Aussagen gemacht werden „Da sollte man sich mal um .... kümmern." „Sie verstehen sicherlich, was ich meine. Dann ist ja alles klar." „Jeder sollte nun wissen, was er zu tun hat." „Ich hoffe, jeder von Ihnen hat sich gemerkt, was zu tun ist." Sie wissen aus eigener Erfahrung, dass solche unverbindlichen Aussagen zu einem Ergebnis führen: Nichts wird getan, und wenn doch, dann nicht das Richtige. Deswegen arbeiten Sie mit einer Aufgabenliste. Die Aufgabenliste ist eines der wichtigsten Führungstools im Projektmanagement überhaupt. In der Aufgabenliste erfassen Sie alle Aufgaben des laufenden Projekts. Es gibt nur eine Aufgabenliste für ein Projekt und sämtliche Aufgaben werden von 1 bis n durchnummeriert. So wissen Sie immer zu jedem Zeitpunkt, welche Aufgabe noch offen oder erledigt ist. Festnageln bedeutet: Wer tut was bis wann? Wer tut es mit wem? Wer ist verantwortlich? Verantwortlich ist immer nur eine Person.

Tipp: Machen Sie sich bewusst: Sie sind als Projektleiter Führungskraft. Wenden Sie die „5F-Regel" aktiv an.

Abb.2.22 Konsequente Projektführung by PIKA. Projekte scheitern an Menschen, nicht an der Technik. Setzen Sie den Focus auf „Menschen".

2.11.2 Ein guter Projektleiter ist ein unbequemer Projektleiter

Was halten Sie von der Aussage, ein guter Projektleiter ist ein unbequemer Projektleiter? Wie kann man als Projektleiter gut und gleichzeitig unbequem sein? Ist das nicht ein Widerspruch?

Als Projektleiter müssen Sie nach außen auf Menschen ausgerichtet sein. Sie müssen auf Ihre Projektmitarbeiter fixiert sein, Sie müssen sich mit anderen abstimmen, Sie müssen anderen hinterherlaufen, Sie müssen kontrollieren, Sie müssen nachfassen und nachfragen. Das erfordert ein ausgesprochen extravertiertes Verhalten. Als Entwickler ist man allerdings getrimmt, mehr nach innen zu arbeiten, d.h. technische Lösungen zu entwickeln.

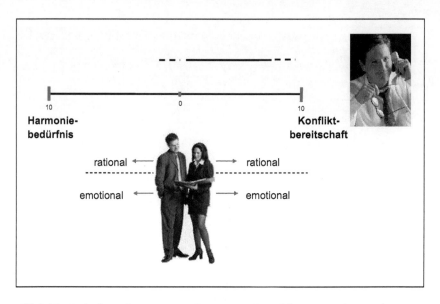

Abb.2.23 Bedürfnispolarogramm: Ein guter Projektleiter ist ein unbequemer Projektleiter. Ein zu stark ausgeprägtes Harmoniebedürfnis führt zu einem „schwachen" Verhalten. Die Grundhaltung sollte durch „innere Konfliktbereitschaft" geprägt sein, also in der „rechten Hälfte" liegen.

Das Verhalten eines Projektleiters lässt sich an dem oben aufgeführten Bedürfnis-Polarogramm verdeutlichen. Dieses Bedürfnis-Polarogramm zeigt zwei gegeneinander tendierende Verhaltensweisen auf. Auf der einen Seite wirkt das Harmoniebedürfnis. Jeder von uns – ob Projektleiter oder nicht – besitzt ein gewisses Harmoniestreben. Dieses Harmoniestreben bremst uns, Kritik auszudrücken, bremst uns, zum dritten Mal nachzufassen, bremst uns, unangenehme Forderungen klar auszusprechen. Denn wir möchten mit unseren Kollegen auch morgen angenehm zusammenarbeiten. Auf der rechten Seite des Polarogramms befindet sich die Fähigkeit, Konfliktbereitschaft zu zeigen. Sie können das auch Mut nennen, z.B. den Mut, klare Forderungen zu äußern. Damit ist nicht gemeint, Auseinandersetzungen zu suchen und Konflikte zu provozieren, sondern eher die Bereitschaft, in potenzielle Konfliktsituationen zu gehen, um eine Lösung zu finden. **Manchmal muss man als Projektleiter in die Höhle des Löwen gehen, um etwas zu erreichen.**

Wenn Sie unangenehme Dinge tun müssen (und manchmal ist es unangenehm nachzufassen, zum fünften Mal einen Kollegen anzurufen, und ihn zu fragen, ob er denn seine Aufgabe endlich abgeschlossen hat), schwanken Sie in Ihrer Entscheidung zwischen Harmoniebedürfnis und Konfliktbereitschaft. Ein Projektleiter, der ein sehr stark ausgeprägtes Harmoniebedürfnis hat, wird letztendlich zur Erkenntnis gelangen, dass der Kollege doch eigentlich selbst für seine Aufgabe verantwortlich ist. Er wird – beeinflusst durch sein Harmoniebedürfnis – sich eher zurückziehen. Er scheut sich, unangenehme Fragen zu stellen. Dieser Projektleiter, wenn er dann auch viel Erfahrung und Fachwissen hat, wird zu Beginn der Projektarbeit bei seinen Kollegen sehr beliebt sein. Dieser Projektleiter wird oft zum Entschluss kommen, bevor er andere dazu bringt etwas zu tun, hat er es selber schneller getan. Er wird also sein Projektteam entlasten. Allerdings wird sich dieser Projektleiter mit seinem sehr ausgeprägten Harmoniebedürfnis in eine gefährliche Situation manövrieren. Er kann nicht delegieren und hat Schwierigkeiten NEIN zu sagen. Er hat Schwierigkeiten, sich abzugrenzen und anderen Grenzen zu ziehen. Und er wird Schwierigkeiten haben, von anderen zu fordern. Er wird nach einiger Zeit maßlos überlastet sein.

Führungsschwäche bei Projektleitern ist oft durch ein zu stark ausgeprägtes Harmoniebedürfnis begründet. Wenn Sie sich vorstellen, dass in einer Firma, in der technische Produkte entwickelt werden, Konstrukteure oder Entwickler sehr oft Projektleiter sind, können Sie das gut nachvollziehen. Denn Entwickler sind im Laufe ihrer beruflichen Erfahrung geschult worden, Harmonie zu erzeugen, früher am Zeichenbrett, heute am CAD- oder CAE-System. Und sie schaffen Harmonie, indem ihre Produkte, z.B. Maschinen und Schaltungen funktionieren. Aber so geht es im Projekt nicht. Projekte werden durch Schwierigkeiten, Unzulänglichkeiten, wechselnde Prioritäten und „unlogisches" menschliches Verhalten geprägt. **„Menschen sind nicht genormt und lassen sich nicht wie Schrauben in ein Gewinde drehen."**

Ein guter Projektleiter braucht die Bereitschaft, sich auf konflikträchtige Situationen einzulassen und mit Konflikten erfolgreich auseinander zu setzen.

Tipp: Vermeiden Sie ein zu starkes Harmoniebedürfnis. Haben Sie den Mut, nachzufassen und unangenehme Fragen zu stellen.

Tipp: Seien Sie unbequem, aber immer taktvoll.

2.11.3 Sie kommunizieren immer auf zwei Ebenen

Vielleicht haben Sie bei den o.g. Ausführungen gedacht: Es ist ja schön und gut zu wissen, dass man ein guter Projektleiter ist, wenn man auch unbequem sein kann. Aber vielleicht stellen Sie auch die Fragen: Wie setze ich das in die Praxis um? Wie verhalte ich mich in meinem realen Umfeld?

Die Umsetzung wird wesentlich einfacher, wenn Sie das Kommunikationsmodell verstehen. Wann immer Sie mit Projektmitarbeitern kommunizieren oder auch mit anderen Kollegen oder Ihrem Chef, dann kommunizieren Sie immer auf zwei Ebenen. Die eine ist die Sachebene. Hier geht es um den Austausch von sachlichen Informationen. Zusätzlich kommunizieren Sie aber auch auf der emotionalen Ebene. Hier geht es um Gefühle: Akzeptanz, Anerkennung, Ablehnung usw. Was glauben Sie: Auf welcher Ebene erreichen Sie bei Menschen die größte Wirkung? Wo können Sie am nachhaltigsten etwas bewirken? Auf welcher Ebene können Sie am stärksten motivieren und am härtesten verletzen? Auf der rationalen oder der emotionalen Ebene? Sie stimmen sicherlich zu: Auf der emotionalen Ebene.

Viele unserer Entscheidungen, aber auch Verhaltensweisen werden durch Emotionen beeinflusst und gelenkt. Selbst Kaufentscheidungen im Investitionsgüter-, im Business-to-Business-Bereich werden stärker von Emotionen beeinflusst als wir das normalerweise annehmen. Auch die Entscheidung, ob Ihr Projekt gestartet wird oder nicht, hängt nicht nur von Fakten ab, sondern sehr stark von der Glaubwürdigkeit, d.h. wie überzeugend vermitteln Sie Fakten und welches Gefühl hinterlassen Sie bei den Entscheidern. Unterstellt man Ihnen eine sehr hohe Kompetenz? Die Entscheidung, ein Projekt zu starten oder nicht, beruht einerseits auf Fakten, aber andererseits auf dem Gefühl der Gewissheit, dass diese Fakten so eintreten werden. Dazu gehören Trendaussagen, Einschätzungen von Stückzahlen, die Annahme, dass die angestrebten Preise von Kunden angenommen werden, und natürlich die Gewissheit, dass das, was im Anforderungsprofil und Pflichtenheft definiert wurde, zu einem angemessenen Ertrag führen wird.

Sie kommunizieren immer auf zwei Ebenen, der Sachebene und der emotionalen Ebene. Wenn Sie überzeugen und führen wollen, müssen Sie lernen, auf beiden Ebenen zu wirken. Als Projektleiter sind Sie auch „Manager von Gefühlen". Was lässt sich daraus für das Führungsverhalten des Projektleiters ableiten? Im Prinzip kann man drei typische Führungsstile im Projektmanagement unterscheiden.

1. Sie verhalten sich permissiv
Stellen Sie sich folgendes Beispiel vor. Sie sind Projektleiter und ernennen einen Kollegen als Stellvertreter. Ihr Stellvertreter kann sehr gut mit MS Project umgehen. Er soll den Projektplan erarbeiten. Vor der nächsten Projektsitzung bitten Sie ihn, seinen Entwurf des Gantt-Diagramms zu zeigen. Aber schon auf den ersten Blick stellen Sie fest, dass der Projektplan sehr oberflächlich erstellt wurde, Termine mit niemandem abgestimmt wurden und der Fertigstellungstermin völlig unrealistisch erscheint. Es ist Ihnen klar: Sollte dieser Projektplan in unveränderter Form in der Sitzung präsentiert werden, führt das zu Unzufriedenheit und Verstimmung im Team. Also ist es erforderlich, dem Stellvertreter zu verdeutlichen, dass er diesen Projektplan so nicht präsentiert, d.h. unbedingt noch einmal komplett überarbeitet. Auf der anderen Seite ist es Ihnen wichtig, den Stellvertreter durch Kritik nicht zu verärgern. Sie wissen, dass er manchmal auf Kritik überempfindlich reagiert. Sie möchten mit ihm auch zukünftig gut zusammenarbeiten, weil Sie seine Zuarbeit unbedingt brauchen. Sie befürchten, wenn Sie ihn kritisieren, reagiert er sauer darauf und weigert sich, den Projektplan zu überarbeiten. Dann haben Sie die ganze Arbeit selber am Hals.

Also überlegen Sie sich, dass Sie sehr vorsichtig an Ihren Stellvertreter, Herrn Müller, herantreten. Sie eröffnen etwas zögerlich, indem Sie sagen: „Herr Müller, äh.. ich möchte, ich denke, Ihr Projektplan, wissen Sie, äh.. der ist ja ... aber auf der anderen Seite,... ich möchte Ihnen nicht zu nahe treten, nur verstehen Sie, wissen Sie, ja ...was ich eigentlich sagen möchte ...äh.." Der Stellvertreter schaut Sie an und fragt: „Was wollen Sie denn nun eigentlich sagen?" Sie versuchen einen neuen Anlauf. „Ja, also, ich meine vielleicht, äh.., könnte man diesen Projektplan doch noch einmal überarbeiten. Nicht dass ich Sie kritisieren möchte, aber meine Hoffnung ist, dass das dann doch eventuell alles etwas stimmiger ist." Herr Müller denkt einen kurzen Moment nach und antwortet: „Ich habe verstanden, Herr Projektleiter, vielen Dank für Ihre klaren Worte. Ich glaube, jetzt ist es an der Zeit, dass Sie selber den Projektplan überarbeiten. Das ist sowieso nicht meine Aufgabe und im übrigen habe ich auch gar keine Zeit mehr dafür." Herr Müller übergibt Ihnen die Unterlagen. Somit haben Sie als Projektleiter nichts erreicht, außer dass Sie nun mehr Arbeit haben und selber das tun müssen, was Sie eigentlich Ihrem Stellvertreter delegiert hatten.

Dieses permissive Verhalten führt zu einem Verlierer, in diesem Fall ist es der Projektleiter selber. Sie können sich aber auch überlegen, diese Sache ganz anders anzupacken.

2. Sie verhalten sich autoritär

„Vielen Dank, Herr Müller, dass Sie mir diesen Projektplan vorgelegt haben. Sie haben sicherlich selber erkannt, dass das, was Sie ausgearbeitet haben unvollständig, oberflächlich und völlig unrealistisch ist. Herr Müller, ich erwarte von Ihnen als meinem Stellvertreter, dass Sie diesen Projektplan abgestimmt morgen um 14 Uhr in der Projektsitzung präsentieren. Ich habe leider überhaupt keine Zeit, mich hier in irgendeiner Form einzubringen, da ich wesentlich wichtigere Dinge zu tun habe. Übrigens bin ich gerade auf dem Weg zur Geschäftsleitung, und in einem Vorgespräch hat man mir noch einmal bestätigt, dass Sie mich intensiver unterstützen sollen. Ich meine damit, dass Sie mich entlasten und vor allem vor solchen Projektplänen fernhalten. Also, um es noch einmal klar zu sagen, Herr Müller, ich erwarte von Ihnen morgen um 14 Uhr einen abgestimmten Projektplan. Wie Sie das machen, ist Ihre Sache. Sollten Sie der Meinung sein, dass der Termin zu kurzfristig ist, dann mache ich Sie darauf aufmerksam, dass Sie bereits eine Woche Zeit hatten. Wenn Sie das nicht hinbekommen, dann melden Sie sich bei der Geschäftsführung, um mitzuteilen, dass Sie unfähig sind, einen Projektplan zu erstellen. Ich verlasse mich dennoch auf Sie. Bis morgen, Herr Müller!"

Bei diesem autoritären Verhalten gibt es wie beim permissiven Führungsstil einen Verlierer. Diesmal ist der Stellvertreter, Herr Müller, der Verlierer. Der Projektleiter ist aber keinesfalls wirklich der Gewinner, denn nach diesem Auftritt wird bei Herrn Müller der „Neandertaler" wach. Und der „Neandertaler" sagt: „Rache, Rache, Rache!" Er wird sich für das autoritäre Verhalten rächen.

Wir stellen fest: Autoritäres Verhalten führt zu einer Gegenreaktion, zu einer Abwehr. Autoritäres Verhalten ist als Führungsstil beim Führen von Projektteams nicht geeignet. Allerdings gibt es eine Ausnahme. Es gibt tatsächlich Situationen („Projekte"), in denen das autoritäre Verhalten das einzig Richtige ist. Woran denken Sie jetzt, an welche Situation? Wenn Sie an eine lebensbedrohliche Situation denken, dann sage ich: Volltreffer! Stellen Sie sich vor, das Gebäude, in dem Sie sich z.Zt. aufhalten, fängt plötzlich Feuer und neben Ihnen befinden sich weitere Personen. Wenn Sie nun anfangen zu grübeln und zu diskutieren, wer was zu tun hat, dann werden Sie keine Überlebenschance haben. Hier sind Überblick und lautstarke Anweisungen gefragt. Also worum geht es? Derjenige, der in dieser Situation einen klaren Kopf behält und verständliche Anweisungen gibt, wer was zu tun hat, kann damit Leben retten. Ich möchte noch einmal betonen, autoritäres Führungsverhalten kann in lebensbedrohlichen Situationen entscheidend sein. Wenn man das Führungsverhalten einiger Chefs beobachtet, stellt man manchmal fest, einige glauben, ihre Mitarbeiter seien ständig in lebensbedrohlichen Situationen. Aber vielleicht haben diese Chefs auch nicht gelernt, wie man wirklich führt. Wir haben gesehen, dass autoritäres Verhalten in unserem Beispiel nicht zum gewünschten Erfolg führt.

3. Sie erzeugen eine Win-Win-Situation
„Vielen Dank. Herr Müller, dass Sie sich die Mühe gemacht haben, diesen Projektplan auszuarbeiten. Ich bin sehr froh, dass Sie mich unterstützen. Damit wir sicher sind, dass der Projektplan auch wirklich stimmig ist, schlage ich vor, wir gehen die Meilensteine und Aufgabenpakete gemeinsam durch. Sind Sie einverstanden, Herr Müller?" – „Ja, natürlich." – „Herr Müller, ich habe mir dafür circa 1 Stunde Zeit genommen. Ich möchte, dass morgen der Projektplan von allen Kollegen akzeptiert und genehmigt wird. Ist das o.k.?"

Ist Ihnen der Unterschied des Win-Win-Führungsstils zum autoritären und permissiven Führungsstil aufgefallen? Beim Win-Win-Verhalten gibt es zwei Gewinner. Nämlich Herrn Müller, der nun die Chance hat, einen wirklich abgestimmten und realistischen Projektplan zu präsentieren, und natürlich den Projektleiter, der sein Ziel durchsetzt, morgen bei der Projektsitzung einen stimmigen Projektplan zu verabschieden.

Haben Sie in diesem Beispiel auch das Prinzip des Win-Win-Führungsstils erkannt? Das Prinzip ist ganz einfach. Als Projektleiter sollten Sie Ihre Absichten und Ziele klar formulieren. Sie sollten auf der sachlichen Ebene Ihre Forderungen eindeutig aussprechen. „Ich möchte, dass morgen der Projektplan von allen Kollegen akzeptiert und genehmigt wird." Achten Sie darauf, dass Sie auf der emotionalen Ebene nicht unnötig Aggression, Gegenwehr oder andere negative Gefühle erzeugen. Win-Win-Verhalten bedeutet, anderen etwas zu verkaufen, durch Überzeugung zu führen. Wichtig: Win-Win-Verhalten erfordert, in der Sache hart und beharrlich zu bleiben, bis Sie Ihr Anliegen durchgesetzt haben: Durchsetzen und Akzeptanz für das Ergebnis erreichen. Achten Sie darauf, dass Sie andere emotional für sich gewinnen und nicht Ablehnung und Gegenwehr provozieren.

Tipp: Setzen Sie sich in der Sache beharrlich durch. Versuchen Sie, Akzeptanz für Ihre Forderungen zu bewirken. Streben Sie immer danach, den Menschen emotional für sich und die Sache zu gewinnen.

Ein guter Projektleiter ist ein unbequemer Projektleiter. Schauen Sie sich bitte noch mal das Bild Abb. 2.23 an. Hier haben wir über das Bedürfnis-Polarogramm gesprochen. Was glauben Sie nun, wo sollte das Verhalten eines guten Projektleiters liegen? Eher auf der linken Seite, harmoniebedürftig, eher neutral, in der Mitte, oder auf der rechten Seite, konfliktbereit?

Wenn es Ihnen schwerfällt, auf dieser Skala exakt einen Punkt herauszufinden, dann sind Sie fast auf dem richtigen Weg. Und wenn Sie nun sagen, ja, eigentlich sollte das Verhalten situativ sein, aber deutlich weiter rechts als links, dann haben Sie ins Schwarze getroffen. Das Verhalten des Projektleiters sollte eher auf der rechten Seite liegen. Das heißt nicht, Konflikte zu provozieren oder zu suchen, sondern mit Stärke, mit innerer Gewissheit und mit Mut unangenehme Dinge auszusprechen, unangenehme Dinge anzupacken, unmissverständliches Feedback zu geben, Entscheidungen herbeizuführen, dafür zu sorgen, dass gehandelt wird, anderen nachzutelefonieren, zu kontrollieren und sich darum zu kümmern, dass es voran geht.

Tipp: Machen Sie „Es geht" zu Ihrem Motto.

☑ **16. Check:** Wie zufrieden sind Sie mit Ihrem Durchsetzungsvermögen (Win-Win-Stil)?

2.11.4 Bewerten Sie sich selbst: Mein Profil als Projektleiter

Möchten Sie sich als Projektleiter weiterentwickeln? Wollen Sie Ihre Führungsfähigkeiten verbessern? Dann schauen Sie sich doch bitte nachfolgende Grafik an.

Diese Grafik zeigt Ihnen ein typisches Profil eines Projektleiters, wohlgemerkt eines beliebigen Projektleiters, nicht eines besonders guten oder eines besonders schlechten Projektleiters. Die bewerteten Kriterien sind ca. 70-80 % der Anforderungen, die Sie als Projektleiter erfüllen sollten. Natürlich werden die Prioritäten von Firma zu Firma etwas unterschiedlich sein. Sie werden einen hohen fachlichen Anteil als Projektleiter bearbeiten müssen, wenn Sie in einer kleineren Firma tätig sind. Wenn Sie in einer Organisation tätig sind, in der Sie hauptbreuflich Projektleiter sind, dann wird der fachliche Anteil eher klein sein. Der Anspruch an organisatorische und koordinierende Fähigkeiten sowie an die Führungsstärke wird höher sein.

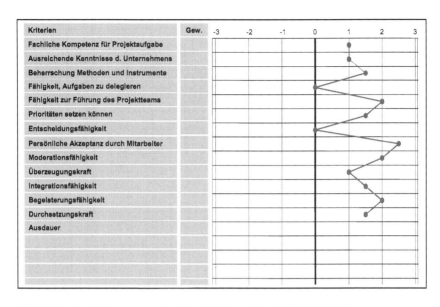

Abb. 2.24 Anforderungen an den Projektleiter, Beispiel für ein Profil

In der nachfolgenden Checkliste können Sie sich selber bewerten.

Kriterien	-3	-2	-1	0	+1	+2	+3
Fachliche Kompetenz für Projektaufgabe							
Ausreichende Kenntnisse des Unternehmens							
Beherrschung Methoden und Instrumente							
Fähigkeit, Aufgaben zu delegieren							
Fähigkeit zur Führung des Projektteams							
Prioritäten setzen können							
Entscheidungsfähigkeit							
Persönliche Akzeptanz durch Mitarbeiter							
Moderationsfähigkeit							
Überzeugungskraft							
Integrationsfähigkeit							
Begeisterungsfähigkeit							
Durchsetzungskraft							
Ausdauer							

Abb. 2.25 Mein Profil als Projektleiter: Schätzen Sie sich nach o.g. Kriterien ein.

Die Bewertungsskala ist folgendermaßen definiert.

+3   Bewerten Sie dann, wenn Sie von sich selbst begeistert sind. Eine Steigerung ist nicht mehr möglich.
0   Damit können Sie einigermaßen leben. Weder gut noch schlecht
-3   Bedeutet, da sehen Sie bei sich selbst dringend Verbesserungspotenzial

Ich führe diese Bewertungen in meinen Seminaren seit mehreren Jahren durch. Interessant ist, dass z.B. Ingenieure, Entwickler, Konstrukteure, d.h. Projektleiter mit einer technischen Ausbildung, in der Regel einen gemeinsamen Schwachpunkt haben: Sie können sehr schwer delegieren. Erinnern Sie sich: Wer nicht delegieren kann, ein starkes Harmoniebedürfnis hat, und dabei auch noch mit viel Erfahrung, Fachwissen und Fachkönnen aufwarten kann, gehört ganz schnell zu den Projektleitern, die überlastet sind.

> **Tipp:** Erstellen Sie Ihr Projektleiter-Profil. Nutzen Sie jede Gelegenheit, sich zu verbessern.

2.11.5 Wodurch Ihr Führungsverhalten geprägt wird

Vielleicht haben Sie sich schon einmal Gedanken darüber gemacht, warum manche Projektleiter so unterschiedliche Führungsverhalten zeigen. Natürlich hängt das Führungsverhalten sehr stark von der Persönlichkeit, der Begabung und dem Temperament und des einzelnen ab. Auch Ausbildung, Erfahrung und Werdegang spielen eine Rolle. Darüber hinaus hängt es von den äußeren Rahmenbedingungen ab, z.B. der Organisation und der Unternehmenskultur.

Durch Ausbildung und konsequentes Coaching lässt sich Führungsverhalten nachhaltig verbessern. Praktisch jeder ist in der Lage, seine Führungsfähigkeiten deutlich zu steigern. Mit einem besseren Führungsverhalten wird es Ihnen auch gelingen, Projektteams zu mehr Engagement zu bewegen. Sie werden es schaffen, andere für Ihre Projekte zu begeistern. So fällt es Ihnen leichter, selbst schwierige Projekte sicher zum Erfolg führen.

Wodurch wird Führungsverhalten geprägt? Nehmen wir das Beispiel eines hochmusikalischen Menschen, der Klavier spielen lernen möchte. Er ist mit der außergewöhnlichen Begabung, sehr musikalisch zu sein, geboren. Aber wird er deswegen ohne Dazutun ein guter Pianist? Ob er virtuos spielen kann oder nicht, hängt davon ab, inwieweit er seine Begabung zu Fähigkeiten entwickelt. Das heißt, er muss täglich fleißig üben. Noten lesen, nach Noten spielen und immer wieder üben und üben. Ohne diese Übungen wird es ihm nicht gelingen, aus seiner Begabung außergewöhnliche Fähigkeit zu entwickeln.

Nehmen wir als Beispiel eine andere Person, die deutlich weniger musikalisch ist, und nehmen wir weiter an, dieser Mensch würde schon in seiner Kindheit – trotz schwacher Musikalität – immer wieder üben und üben. Er merkt, dass er nicht so musikalisch ist, wie andere, aber er gibt nicht auf und er versucht es immer wieder, und er übt, und er trainiert. Eines Tages ist er soweit, dass er komplette Musikstücke spielt. Sicherlich wird er niemals so virtuos sein wie ein Franz Liszt oder Carl Czerny, aber es wird ihm gelingen, andere mit seinen Fähigkeiten zu begeistern. Er wird Freude stiften, und er wird viel Applaus und Zustimmung für seine Darbietungen bekommen. Ja, er kann sogar als ein besserer Musiker angesehen werden als dieser hochbegabte Mensch, der leider nichts daraus gemacht hat.

> **Tipp:** Machen Sie sich bewusst: Jeder ist in der Lage, seine Führungsfähigkeiten enorm zu steigern. Üben, üben, üben !!

Einstellungen
Kommen wir noch mal zu der Frage zurück: Wodurch wird Führungsverhalten geprägt? Jetzt betrachten wir eine andere Situation, das Kick-off-Meeting. Hier erleben Sie Ihren entscheidenden ersten Auftritt im Unternehmen auf Zeit. Das Kick-off-Meeting und die nachfolgenden Meetings werden Ihr Image als Projektleiter prägen. Dort wird der Einruck gewonnen, ob Sie die Fähigkeit haben, dieses Projekt zum Erfolg zu führen oder nicht: Die Wirkung, die Sie anderen gegenüber erzeugen, ist ein Spiegel Ihrer inneren Einstellung. Wollen Sie Ihr Führungsverhalten und Ihre Wirkung nach außen verbessern? Dann verändern Sie als erstes Ihre Einstellung, Ihren Fokus. Beispielsweise zu Ihrem Projektteam. Ihr Verhalten ist wie ein Spiegel, öffnen Sie die Arme und gehen Sie offen und selbstbewusst mit Ihrem Projektteam um. Zeigen Sie sich als Vorbild. Erwarten Sie mehr von sich, als von anderen. Engagieren Sie sich. Akzeptieren Sie Ihre Projektmitarbeiter. Haben Sie ihnen gegenüber eine positive Einstellung.

Welche weitere Einstellung prägt Ihr Führungsverhalten? Z. B. die Einstellung zu Ihrem Projekt. Wenn Sie motivieren wollen, dann überzeugen Sie andere von der hohen Bedeutung des Projekts. Wenn Sie sich selbst motivieren wollen, dann machen Sie sich klar, dass es eine Ehre ist, dieses Projekt führen zu dürfen. Machen Sie sich klar, dass es eine besondere Herausforderung ist, dieses Projekt zu leiten und seien Sie „geil darauf", dieses Projekt zum Erfolg zu führen. Sie erringen ein Erfolgserlebnis, das Sie stärker und fähiger macht, in Ihrem

Berufsleben weiterzukommen. Sie führen das Projekt nicht nur für Ihre Firma zum Erfolg, sondern auch für sich persönlich. Und das gibt Ihnen die nötige Motivation, auch schwierige Situationen durchzustehen. Voraussetzung, dass Ihnen das gelingt, ist allerdings eine positive Einstellung zu Ihrem Projekt, die Gewissheit, dass Sie es schaffen werden und die Entscheidung, sich voll für dieses Projekt zu engagieren: „Ja, ich will dieses Projekt zum Erfolg führen."

Denken Sie auch daran, dass eine negative Einstellung zu Ihrer Firma oder zu Ihrem Chef, vielleicht sogar zum Auftraggeber, Sie sehr blockieren kann. Diese negative Einstellung können Sie sich als Projektleiter nicht erlauben. Durchbrechen Sie dieses Verhaltensmuster und suchen Sie nach positiven Aspekten. Was begeistert Sie besonders an diesem Projekt? Was bringt Ihnen persönlich der Erfolg?

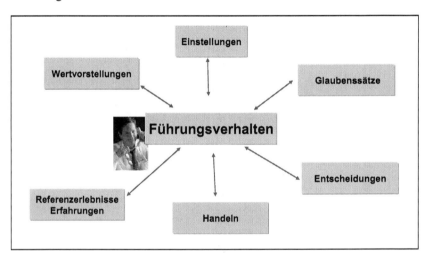

Abb. 2.26 Wodurch Ihr Führungsverhalten geprägt wird.

Wertvorstellungen
Wertvorstellungen prägen unser Leben, aber auch Ihr Verhalten als Projektleiter. Welche Wertvorstellungen sind das? Zum Beispiel die Wertvorstellung über „Pünktlichkeit". Fordern Sie von Ihren Projektmitarbeitern Pünktlichkeit. Zeigen Sie ihnen, dass Sie als Projektleiter sehr viel Wert darauf legen, dass Termine eingehalten werden, dass Zusagen auch wirklich erfüllt werden Zeigen Sie ihnen, welchen Wert Sie auf Zuverlässigkeit legen. Pünktlichkeit ist keine deutsche „Macke". Natürlich hat Pünktlichkeit in verschiedenen Kulturen eine unterschiedliche Ausprägung. Aber selbst wenn Sie internationale Teams

wieder üben und üben. Ohne diese Übungen wird es ihm nicht gelingen, aus seiner Begabung außergewöhnliche Fähigkeit zu entwickeln.

Nehmen wir als Beispiel eine andere Person, die deutlich weniger musikalisch ist, und nehmen wir weiter an, dieser Mensch würde schon in seiner Kindheit – trotz schwacher Musikalität – immer wieder üben und üben. Er merkt, dass er nicht so musikalisch ist, wie andere, aber er gibt nicht auf und er versucht es immer wieder, und er übt, und er trainiert. Eines Tages ist er soweit, dass er komplette Musikstücke spielt. Sicherlich wird er niemals so virtuos sein wie ein Franz Liszt oder Carl Czerny, aber es wird ihm gelingen, andere mit seinen Fähigkeiten zu begeistern. Er wird Freude stiften, und er wird viel Applaus und Zustimmung für seine Darbietungen bekommen. Ja, er kann sogar als ein besserer Musiker angesehen werden als dieser hochbegabte Mensch, der leider nichts daraus gemacht hat.

Tipp: Machen Sie sich bewusst: Jeder ist in der Lage, seine Führungsfähigkeiten enorm zu steigern. Üben, üben, üben !!

Einstellungen
Kommen wir noch mal zu der Frage zurück: Wodurch wird Führungsverhalten geprägt? Jetzt betrachten wir eine andere Situation, das Kick-off-Meeting. Hier erleben Sie Ihren entscheidenden ersten Auftritt im Unternehmen auf Zeit. Das Kick-off-Meeting und die nachfolgenden Meetings werden Ihr Image als Projektleiter prägen. Dort wird der Einruck gewonnen, ob Sie die Fähigkeit haben, dieses Projekt zum Erfolg zu führen oder nicht: Die Wirkung, die Sie anderen gegenüber erzeugen, ist ein Spiegel Ihrer inneren Einstellung. Wollen Sie Ihr Führungsverhalten und Ihre Wirkung nach außen verbessern? Dann verändern Sie als erstes Ihre Einstellung, Ihren Fokus. Beispielsweise zu Ihrem Projektteam. Ihr Verhalten ist wie ein Spiegel, öffnen Sie die Arme und gehen Sie offen und selbstbewusst mit Ihrem Projektteam um. Zeigen Sie sich als Vorbild. Erwarten Sie mehr von sich, als von anderen. Engagieren Sie sich. Akzeptieren Sie Ihre Projektmitarbeiter. Haben Sie ihnen gegenüber eine positive Einstellung.

Welche weitere Einstellung prägt Ihr Führungsverhalten? Z. B. die Einstellung zu Ihrem Projekt. Wenn Sie motivieren wollen, dann überzeugen Sie andere von der hohen Bedeutung des Projekts. Wenn Sie sich selbst motivieren wollen, dann machen Sie sich klar, dass es eine Ehre ist, dieses Projekt führen zu dürfen. Machen Sie sich klar, dass es eine besondere Herausforderung ist, dieses Projekt zu leiten und seien Sie „geil darauf", dieses Projekt zum Erfolg zu führen. Sie erringen ein Erfolgserlebnis, das Sie stärker und fähiger macht, in Ihrem

Berufsleben weiterzukommen. Sie führen das Projekt nicht nur für Ihre Firma zum Erfolg, sondern auch für sich persönlich. Und das gibt Ihnen die nötige Motivation, auch schwierige Situationen durchzustehen. Voraussetzung, dass Ihnen das gelingt, ist allerdings eine positive Einstellung zu Ihrem Projekt, die Gewissheit, dass Sie es schaffen werden und die Entscheidung, sich voll für dieses Projekt zu engagieren: „Ja, ich will dieses Projekt zum Erfolg führen."

Denken Sie auch daran, dass eine negative Einstellung zu Ihrer Firma oder zu Ihrem Chef, vielleicht sogar zum Auftraggeber, Sie sehr blockieren kann. Diese negative Einstellung können Sie sich als Projektleiter nicht erlauben. Durchbrechen Sie dieses Verhaltensmuster und suchen Sie nach positiven Aspekten. Was begeistert Sie besonders an diesem Projekt? Was bringt Ihnen persönlich der Erfolg?

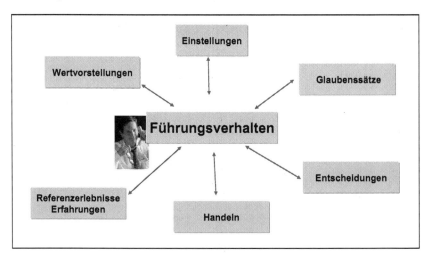

Abb. 2.26 Wodurch Ihr Führungsverhalten geprägt wird.

Wertvorstellungen
Wertvorstellungen prägen unser Leben, aber auch Ihr Verhalten als Projektleiter. Welche Wertvorstellungen sind das? Zum Beispiel die Wertvorstellung über „Pünktlichkeit". Fordern Sie von Ihren Projektmitarbeitern Pünktlichkeit. Zeigen Sie ihnen, dass Sie als Projektleiter sehr viel Wert darauf legen, dass Termine eingehalten werden, dass Zusagen auch wirklich erfüllt werden Zeigen Sie ihnen, welchen Wert Sie auf Zuverlässigkeit legen. Pünktlichkeit ist keine deutsche „Macke". Natürlich hat Pünktlichkeit in verschiedenen Kulturen eine unterschiedliche Ausprägung. Aber selbst wenn Sie internationale Teams

führen, sollten Sie klare Signale setzen. Wer unpünktlich ist, zeigt eine geringe Wertschätzung für das Projekt und das Projektteam. Pünktlichkeit und Einhalten von Terminen sind ein Symbol für die Wertschätzung anderer. Egal wie die Kultur in Ihrer Firma ist, wenn Sie beharrlich immer wieder an diesen Werten festhalten, werden Sie einen deutlichen Kulturwandel in Ihrem Projektteam erleben. Bauen Sie eine eigene Projektkultur auf. Entwickeln Sie eine Kultur, in der es Spaß macht, in Projektsitzungen engagiert mitzuarbeiten: Weil es persönlichen Nutzen bringt, weil es Erfolgserlebnisse, Anerkennung und auch sehr viel Spaß bringt. Zeigen Sie anderen, wie wichtig der Projekterfolg für jeden einzelnen ist.

Handeln
Sie können als Projektleiter tagelang planen. Sie können Projektpläne bis ins Letzte durchdenken. Aber ohne Handeln, ohne dass Aufgaben umgesetzt werden, werden Sie keinen Projektfortschritt erleben. Als Projektleiter müssen Sie verstehen: Planen ist erforderlich, um für alle Beteiligten Transparenz zu erzeugen. Aber der Projekterfolg wird sich erst durch engagiertes Handeln erreichen lassen. Nicht durch Zögern oder Grübeln !

Ohne Denken ist Handeln nichts. Aber ohne engagiertes Handeln ist Erfolg niemals möglich.

Tipp: Bringen Sie Ihr Projekt voran, indem Sie engagiert handeln und andere dazu motivieren, das gleiche zu tun.

Entscheidungen
Auf dem Wege vom Kick-off-Meeting zum Projekterfolg werden Sie immer wieder Situationen antreffen, in denen Sie sich entscheiden müssen. Entscheidungen sind Weichenstellungen, die gerade in der Projektarbeit sehr erfolgsbestimmend sind. Die erste Entscheidung, die Sie für sich treffen müssen, ist die Entscheidung, ob Sie Ihr Projekt trotz aller Widrigkeiten und Schwierigkeiten zum Erfolg bringen wollen. Es ist zum Projektbeginn nicht wichtig, im Detail zu wissen, wie Sie das Projektziel erreichen. Wichtig ist, dass Sie zunächst selbst überzeugt sind, dass Sie mit Ihrem Projektteam einen Weg finden, komme was da wolle. Diese Entscheidung, ein Resultat zu erzielen, z.B. ein Top-Produkt zu entwickeln, setzt eine Kettenreaktion in Gang. Wenn Sie andere durch Ihre Entschlossenheit überzeugen, werden Ihre Projektmitarbeiter mit der gleichen Überzeugung in ihrer Abteilung auftreten und mit der gleichen Gewissheit und dem Engagement an den Aufgaben arbeiten.

In vielen Unternehmen wird der Erfolgsfaktor „Mensch" unterschätzt. Man glaubt, es reiche aus, Prozesse zu definieren. Ich nenne dieses Symptom „BPG", blinder Prozessglauben. Einige Spezialisten treiben es damit auf die Spitze. Sie arbeiten Abläufe so detailliert aus, dass es für die Betroffenen in der Firma nahezu unmöglich ist, diese Prozesse zu erlernen, geschweige denn umzusetzen.

Als Projektleiter sollten Sie erkennen, wann Entscheidungen getroffen werden müssen, z.b. Entscheidungen für eine bestimmte Lösungsalternative. Entscheidungen, z.b. noch mehr Ressourcen einzufordern oder einen ganz anderen Weg zu beschreiten, Alternativen auszuprobieren. Die Entscheidung, auf eine neue Technologie zuzugreifen. Die Entscheidung, gewisse Tätigkeiten „outzusourcen". Entscheidungen herbeizuführen oder auch selbst zu treffen, prägen den Erfolg Ihres Projekts. Ich habe in zahlreichen Projekten aufzeigen können, dass die Entscheidungsfreudigkeit des Managements und die Entscheidungsfreudigkeit des Projektteams einen starken Einfluss auf Time-to-Market und damit auf die Dauer des Projekts hat. Ich habe in zahlreichen Unternehmen und Projekten nachweisen können, dass verzögerte Entscheidungen durch das Management Projektzeiten verdoppelt, ja bis zum Faktor drei verlängert hat. Wenn es Ihnen als Projektleiter gelingt, Entscheidungen zu beschleunigen, werden Sie Projekte leichter und termingerechter zum Abschluss bringen können.

Die Auswertung von mehr als 120 verschiedenen Projekten hat bewiesen, dass mangelnde Entschlusskraft zu den Hauptgründen von Projekt-Misserfolgen zählt. Mangelnde Entschlusskraft in der Geschäftsleitung, in der Bereichsleitung, bei Abteilungsleitern, aber auch bei Projektleitern und Projektteams. Die Neigung, alles hinauszuschieben, gehört leider mit zu den häufigsten Managementfehlern auch von Projektleitern.

Tipp: Trainieren Sie, Entscheidungen zu treffen. Je öfter Sie Entscheidungen treffen bzw. herbeiführen, umso besser werden Ihre Entscheidungen.

Entscheidungsfreudigkeit sowie die Fähigkeit, überzeugende Entscheidungsvorlagen zu erstellen und bei Entscheidern durchzusetzen, zählen zu den herausragenden Erfolgsfaktoren des Projektleiters.

Referenzerlebnisse und Erfahrungen
Stellen Sie sich vor, Sie haben in Ihrer Firma schon seit vielen Monaten keine Erfolgserlebnisse mehr gehabt. Sie haben trotz außergewöhnlichem Engagement keine Anerkennung bekommen, Sie haben keine motivierenden Erlebnisse ge-

habt. Das macht Sie sehr unzufrieden, ja Sie sind frustriert. Jetzt wird es Zeit, dass Sie mal wieder etwas für Ihr inneres Wohlbefinden tun. Da Sie keine Möglichkeit haben, in Ihrer Firma zu einem Erfolgserlebnis zu kommen, überlegen Sie sich, dieses Erfolgserlebnis daheim zu beschaffen. Die Idee ist, dass Sie am Samstag Abend eine nette Party veranstalten, Freunde einladen und diesmal selbst in die Küche gehen und ein richtig tolles Menü zaubern. Sie wälzen diverse Kochbücher, Sie kombinieren verschiedene Rezepte. Sie probieren etwas Neues aus, Sie komponieren mit neuen Gewürzen. Und tatsächlich: Der Abend wird ein voller Erfolg. Sie bekommen Anerkennung und Wertschätzung. Sie erhalten Lob. Ihre Freunde sind begeistert und nun haben Sie endlich dieses Gefühl des Erfolgs, nach dem Sie sich lange gesehnt haben

Die Monate vergehen und nach einem weiteren halben Jahr haben Sie das Gefühl: Jetzt muss ich wieder mal etwas für meine Psyche tun. Sie überlegen sich, das letzte Ereignis zu wiederholen. Sie laden dieses Mal andere Gäste ein. Und Sie sagen sich, ich brauche doch eigentlich nur das gleiche noch einmal zu reproduzieren und schon habe ich wieder das tolle Erfolgserlebnis. Leider können Sie sich schon beim Einkaufen nicht daran erinnern, was Sie vor einem halben Jahr tatsächlich gekocht haben. Welche Gewürze Sie verwendet haben, welchen Wein Sie dazu serviert haben, und Sie probieren wieder etwas Neues aus. Diesmal bedanken sich Ihre Gäste, aber Sie merken, die Begeisterung bleibt aus. Es war ganz nett, aber für ein richtig tolles Erfolgserlebnis hat es nicht gereicht.

Was hätten Sie in dieser Situation anders tun können, um den Erfolg der ersten Veranstaltung zu reproduzieren? Vielleicht kennen Sie ähnliche Erlebnisse aus der Projektarbeit. Sie führen ein kritisches Projekt, Sie haben große Schwierigkeiten, es gibt auch zwischenmenschliche Unstimmigkeiten. In den Projektsitzungen gibt es immer wieder Auseinandersetzungen und Konfrontationen. Und trotzdem gelingt es Ihnen, dieses schwierige Projekt zum Erfolg zu führen. Genießen Sie es! Verinnerlichen Sie es! Halten Sie diese Erfolgserlebnisse fest.

Mein Tipp an Sie: Führen Sie ein Erfolgstagebuch. Wann immer Ihnen in der Projektarbeit bestimmte Dinge gut gelungen sind, z.B. wenn Sie erfolgreich Sitzungen durchgeführt haben, souverän Entscheidungsvorlagen präsentiert haben, wenn Sie erfolgreich schwierige Situationen gemeistert haben, halten Sie das in Ihrer Liste der Referenzerlebnisse fest. Wer Erfahrungen nicht dokumentiert, fällt immer wieder in schlechte Verhaltensmuster zurück. Sie beschleunigen Ihre Lernkurve immens, wenn Sie sich zur Gewohnheit machen, diese Referenzerlebnisse in Ihr Erfolgstagebuch zu übertragen. Das Erfolgstagebuch zählt aus meiner Erfahrung zu den wirksamsten Hilfsmitteln, um seine Professionalität im Projektmanagement zu verbessern. Dieses Tagebuch führen Sie für sich selbst, Sie machen für sich selbst Notizen und Sie halten alles fest, was Ihnen besonders gut gelungen ist oder was Sie beim nächsten Mal besser machen wollen.

Wenn Sie ein neues Projekt angehen, machen Sie sich bewusst, wie Sie an das andere Projekt herangegangen sind. Nehmen Sie Ihr Erfolgstagebuch zur Hand. Was haben Sie zuerst getan, wie haben Sie andere motiviert? Sie werden feststellen, dass vieles in der Projektarbeit sich wiederholt, und mit den richtigen Rezepten sind Sie anderen weit überlegen, die improvisieren und ihre Erfahrungen wieder vergessen.

Tipp: Führen Sie ein Erfolgstagebuch Ihrer Referenzerlebnisse.

2.11.6 Welche Führungsaufgaben Sie als Projektleiter unbedingt wahrnehmen sollten

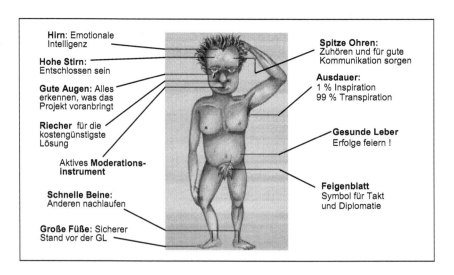

Abb. 2.27 Die Physiologie des Projektleiters

Wir haben über die Erfolgsfaktoren des Projektleiters gesprochen. Welche konkreten Führungsaufgaben sollten Sie als Projektleiter unbedingt wahrnehmen? Erinnern Sie sich? Ihre Aufgaben als Projektleiter kann man grob in zwei Blöcke gliedern. Das eine sind die eher fachlich bezogenen Aufgaben (Fachkraft), das andere sind die führungsbezogenen Aufgaben (Führungskraft). Folgende Tipps sollen Ihnen helfen, den Fokus auf die richtigen Führungsaufgaben zu setzen.

1. Sorgen Sie für gute Information. Informieren Sie Ihr Projektteam. Sorgen Sie auch für einen regelmäßigen Informationsaustausch.

2. Stimmen Sie sich ab. Treffen Sie Entscheidungen, aber stimmen Sie Entscheidungen mit Ihrem Auftraggeber, mit Ihrem Projektteam und anderen Betroffenen ab. Beziehen Sie andere Mitarbeiter in diese Entscheidungen mit ein.

3. Koordinieren Sie. Sorgen Sie dafür, dass die richtigen Dinge getan werden, aber in der richtigen Reihenfolge und abgestimmt aufeinander. Führen Sie Projektmeetings, in denen Sie über Pläne, Aufgaben und die Koordination dieser Aufgaben reden. Sorgen Sie dafür, dass Aufgaben wie Zahnrädchen ineinander laufen und dass sie vor allem rund laufen.

4. Motivieren Sie. Als Projektleiter sollten Sie andere motivieren. Aber häufig stellen sich Projektleiter die Frage: „Und wer motiviert mich?" Die Fähigkeit, sich selbst zu motivieren, ist ein wichtiger Schlüssel zum Projekterfolg. Es ist leicht möglich, sich selbst und andere gezielt zu motivieren, wenn man die Technik der Motivation verstanden hat. Sie werden im späteren Abschnitt lernen, wie Sie sich selbst und andere motivieren. Motivation ist die Voraussetzung für Leistungsbereitschaft, Engagement und überdurchschnittliche Ergebnisse.

5. Fordern Sie und sprechen Sie Erwartungen klar aus. Fordern Sie von Ihren Mitarbeitern, dass zugesagte Aufgaben erledigt werden. Pünktlich, zu den besprochenen, vereinbarten Terminen. Fordern Sie, dass man nachfragt, sollte es Unklarheiten geben. Fordern Sie: Wer zu einer Sitzung nicht erscheinen kann, schickt einen Stellvertreter nach erfolgter Absprache mit Ihnen.

6. Sorgen Sie für Verbindlichkeit. Nageln Sie Ihre Projektmitarbeiter fest. Das Nagelbrett ist Ihre Aufgabenliste. Achtung: Verfallen Sie nicht in übertriebenen Aktionismus. Ich habe Projekte erlebt, die erfolgreich abgeschlossen wurden, obwohl die Aufgabenliste nicht vollständig abgearbeitet war. Ursache waren Aufgaben, die man tun sollte und könnte, die aber nicht zwangsläufig erforderlich waren, um den Projekterfolg zu erreichen. Vermeiden Sie unnötige

Aufgaben. Wenn Sie Aufgaben besprechen, nageln Sie andere fest, und geben Sie sich auch beim Nachfassen nicht mit 90 %-Aussagen zufrieden. „Ich bin fast fertig. 90 % habe ich erreicht". Sehr oft dauern die restlichen 10 % länger als die ersten 90 %. „Fast fertig" ist nicht fertig. Delegieren Sie nach dem Prinzip der personifizierten Verantwortung. Wer tut was bis wann? Es sind immer einzelne Personen verantwortlich, niemals Abteilungen oder Firmen.

7. Sorgen Sie für Disziplin. Natürlich werden Sie auch Situationen erleben, dass trotz Motivation und gutem Zureden die nötigen Ergebnisse ausbleiben. Machen wir uns nichts vor. Damit Ihr Projekt erfolgreich abgeschlossen werden kann, ist es erforderlich, Disziplin zu fordern und manchmal dafür zu sorgen, dass ein sanfter Druck Disziplin herbeiführt. Auch dieses Thema „Wie lässt sich angemessener Druck erzeugen?" wird in einem separaten Abschnitt behandelt. Die Fähigkeit, sanften Druck auf Projektmitarbeiter auszuüben, gehört zu den wichtigen Fähigkeiten eines Projektleiters.

8. Geben Sie Feedback. Sie verbessern Disziplin und Leistungsbereitschaft, wenn Sie Ihren Projektmitarbeitern Feedback geben. Geben Sie positives Feedback, loben Sie besonderes Engagement, zeigen Sie Anerkennung für außergewöhnliche Leistungen. Bedanken Sie sich für die gute Zusammenarbeit. Aber haben Sie auch den Mut, negatives Feedback zu geben, klarzustellen, dass bestimmte Anforderungen nicht erfüllt wurden. Kritisieren Sie, wenn zugesagte Aufgaben nicht erledigt wurden. Vereinbaren Sie weitere Schritte. Zum Abschluss eines Meetings können Sie die Manöverkritik sehr gut nutzen, um für die nächste Sitzung mehr Disziplin zu erreichen. Stellen Sie die beiden Fragen: Was haben wir bei der Sitzung gut gemacht? Was machen wir beim nächsten Mal besser? Schreiben Sie diese Punkte auf Flipcharts, bringen Sie diese zu der nächsten Sitzung mit und hängen Sie sie gut sichtbar auf.

9. Treffen Sie Entscheidungen. Sorgen Sie dafür, dass Entscheidungen getroffen werden. Über die Macht von Entscheidungen und ihre Auswirkungen auf den Projekterfolg haben wir ausführlich gesprochen. Üben Sie sich darin, viele Entscheidungen möglichst schnell zu treffen. Je mehr Entscheidungen Sie treffen, umso sicherer werden Sie darin, die richtigen Entscheidungen zu treffen. Üben Sie aber auch hilfreichen Druck auf Entscheider aus, indem Sie sachlich Konsequenzen aufzeigen, was mit dem Projekt passieren wird, bzw. wie der Kunde reagiert, wenn diese Entscheidung nicht schnell herbeigeführt wird.

10. Kontrollieren Sie und fassen Sie nach. Freuen Sie sich darüber, wenn Sie Projektmitglieder haben, die eigenverantwortlich ihre Aufgaben erledigen. Verfallen Sie aber nicht in den Irrglauben, dass Aufgaben, weil sie in einer Aufgabenliste stehen, automatisch ausgeführt werden. Beachten Sie die verschiedenen Persönlichkeiten und fassen Sie nach, wenn Sie ahnen, dass der eine oder andere zu spät mit seinen Aufgaben beginnt. Kontrollieren und Nachfassen sind wichtige Garanten, dass Ihr Projekt auch innerhalb der Zeit seinen Fortschritt erreicht.

11. Zeigen Sie Ausdauer. Wenn Ihr erstes Konzept nicht zum erhofften Erfolg führt, dann arbeiten Sie ein zweites Konzept aus. Stimmen Sie sich mit Ihrem Projektteam ab. Schlägt auch die zweite Lösungsalternative fehl, dann versuchen Sie es mit einer dritten Version. Machen Sie unbeirrbar weiter bis Sie die Lösung gefunden haben. Geben Sie sich nicht zu früh geschlagen. Viele Projektleiter schaffen es über die Mittelmäßigkeit nicht hinaus. Das liegt oft daran, dass ihnen die Ausdauer fehlt, weil sie es nicht zum vierten oder fünften Mal versuchen, ihre Konzepte und misslungenen Pläne durch neue und bessere Pläne zu ersetzen. Betrachten Sie jede Schwierigkeit als eine Herausforderung und jede Niederlage nur als vorübergehend. Eine Niederlage ist nur ein Zeichen dafür, dass Sie die richtige Lösung noch nicht gefunden haben, dass das richtige Konzept noch nicht ausgereift ist.

12. Delegieren Sie. Planen Sie Pufferzeiten ein. Verfallen Sie nicht in den Fehler, alles alleine lösen zu wollen. Setzen Sie bewusst die Kraft Ihres Teams ein, fordern Sie Lösungen und schaffen Sie gemeinsam die Bereitschaft, die Herausforderungen zu meistern. Das ist genau die Eigenschaft, die den erfolgreichen vom erfolglosen Projektleiter unterscheidet, die Fähigkeit, aus Fehlern Schlüsse und eine Lehre zu ziehen und darauf gestützt seine Vorgehensweise immer wieder zu verbessern, bis der Projekterfolg erreicht ist. Denken Sie auch frühzeitig bei Ihrer Projektplanung daran, dass es in jedem Projekt unvorhersehbare Ereignisse geben wird, dass es zusätzliche Aufwendungen geben wird, Schwierigkeiten und auch Verzögerungen. Planen Sie deshalb von Anfang an genügend Pufferzeiten ein, auf die Sie dann zurückgreifen können, wenn Sie den Bedarf haben.

Tipp: Führen Sie aktiv!
1. Sorgen Sie für gute Information
2. Stimmen Sie sich ab.
3. Koordinieren Sie Aufgaben
4. Motivieren Sie Ihr Team
5. Fordern Sie Ihre Mitarbeiter
6. Sorgen Sie für Verbindlichkeit
7. Sorgen Sie für Disziplin
8. Geben Sie positives Feedback
9. Führen Sie Entscheidungen herbei
10. Fassen Sie regelmäßig nach
11. Zeigen Sie Ausdauer
12. Delegieren Sie Aufgaben

Aus meiner Erfahrung kann ich sagen: Die erfolgreichsten Projekte waren nicht die Projekte, die straight forward ohne Schwierigkeiten gelaufen sind, sondern die erfolgreichsten Ergebnisse hat man immer dann gehabt, wenn man aus Fehlschlägen gelernt hat, wenn man Fehlschläge überwunden und trotz Schwierigkeiten nicht aufgegeben hat. Nicht wer scheitert, ist ein Versager, sondern wer zu früh aufgibt. Besonders Projekte mit einem hohen F&E-Anteil bzw. Produktentwicklungen, die neue Technologien beinhalten, werden in ihrer Komplexität und ihrem Risiko oft unterschätzt. Vermitteln Sie Entscheidern, auch Ihrem Auftraggeber, rechtzeitig die Risiken dieses Projekts. Und nochmals: Planen Sie unbedingt Pufferzeiten für Eventualitäten ein.

Tipp: Kein Projekt ohne Pufferzeiten ! Planen Sie immer Eventualitäten ein.

2.11.7 Projektleiter: Beispiel für eine Stellenbeschreibung

1. Positionsbezeichnung
Projektleiter für das Projekt

2. Ziel der Projektleitung
Das Ziel der Projektleitung ist es, das Projekt gemäß den Bedingungen des Auftrags durchzuführen, d.h. das Projekt so zu leiten und zu steuern, dass die vorgegebene Leistung sowie Kosten und Termine eingehalten werden.

3. Grundsatz für die Projektleitung
Das Projekt wird von einem Projektteam durchgeführt. Der Projektleiter ist gemeinsam mit dem Team zuständig für alle projektspezifischen Belange. Der Projektleiter bzw. die Teilprojektleiter vergeben Fachaufgaben an die hierzu ausgewählten Stellen.

4. Stellvertreter
Der Projektleiter schlägt dem Vorgesetzten einen Stellvertreter vor. Dieser übernimmt bei Abwesenheit des Projektleiters dessen Delegationsbereich, d.h. diese Stellenbeschreibung gilt dann auch für den Stellvertreter. Wird kein Stellvertreter vorgeschlagen oder ist der Vorgesetzte mit dem Stellvertreter nicht einverstanden, so übernimmt der Vorgesetzte selbst die Stellvertretung.

5. Aufgaben
Vor der Auftragserteilung hat der Projektleiter in Abstimmung mit den beteiligten Fachabteilungen die Vertragspunkte mit dem Auftraggeber festzulegen. In der Planungsphase des Projekts nach der Auftragserteilung sorgt er für
- den Aufbau des Projektteams
- die Erstellung der Planungsunterlagen (Projektstrukturplan, detaillierter Netzplan, Kostenpläne) in Zusammenarbeit mit den Fachabteilungen
- die Abstimmung der Arbeits,- Versuchs- und/oder Erprobungsprogramme mit den Fachabteilungen und Verteilung des Budgets (Teilaufträge).

In der Durchführungsphase hat er folgende Aufgaben:
- Koordinierung des Projektteams
- technisch-wissenschaftliche Betreuung der Teilaufgaben (die fachliche Verantwortung für die Durchführung der Teilaufgaben liegt bei der Fachabteilung).
- Koordinierung der Projektarbeiten in den Fachabteilungen (über das Teammitglied)
- Wahrnehmung der Kontakte mit dem Auftraggeber

- Überwachung und Steuerung
  des Leistungsfortschritts
  der Termine,
  der Kostensituation
  der Erfüllung des Vertrags (soweit von ihm beeinflussbar)
  der Erfüllung der technisch-wissenschaftlichen Spezifikation
  der Berichterstattung, Dokumentation und Präsentation
  Auswahl von Alternativen, um evtl. Termin- oder Kostenabweichungen vom Vertrag ausgleichen zu können, Stellung von Nachanträgen
  Erarbeitung von Kostenschätzungen für Vertragsänderungen
  Berichterstattung an die Geschäftsleitung und den Auftraggeber (Quartalsberichte, Zwischen-, Meilensteinberichte)
- Präsentation des Entwicklungsstandes (Statusbericht)
- Veröffentlichung der Ergebnisse (in Zusammenarbeit mit allen am Projekt Beteiligten)

6. Verantwortung
Der Projektleiter trägt die Verantwortung für die Projektaufsicht und die Erfolgskontrolle sowie für das Einhalten der Projektziele, insbesondere für das Einhalten der Termin- und Kostenpläne des Vertrags.

7. Befugnisse
Die Vollmacht des Projektleiters umfasst Weisungsbefugnisse in Bezug auf
- die Arbeitsverteilung (Teilaufträge) an die beteiligten Stellen
- die Steuerung und Kontrolle aller Projektarbeiten aller erforderlichen Entscheidungen
- Einberufung und Leitung aller projektbezogenen Verhandlungen
- Sammlung sämtlicher zur Berichterstattung erforderlichen Informationen

Wenn es die Gegebenheiten erfordern, darf er die Teilziele des Projektes ändern, wenn durch diese Abweichung das Gesamtziel nicht betroffen wird. Eine Änderung des Gesamtziels darf nur nach Abstimmung mit dem Auftraggeber vorgenommen werden.

8. Organisatorische Beziehungen
a) Über-/Unterstellungsverhältnis: Der Projektleiter ist dem Entwicklungsleiter disziplinarisch und fachlich unterstellt. Das ihm für die Projektdauer zugeteilte Projektteam ist ihm unterstellt.
b) Kontakte mit anderen Stellen: Der Projektleiter ist bevollmächtigt, Verhandlungen über sein Projekt und evtl. über Folgeaufträge zu führen.
c) Kommunikation: Der Projektleiter ist vom gesamten internen und externen Schriftwechsel in Kenntnis zu setzen, und ihm sind alle Bestellungen und Rechnungen ab vereinbarter Höhe zur Gegenzeichnung vorzulegen.

9. Bewertungsmaßstab
Ein Maß für die Güte der Projektleitungsarbeit ist
- das Erreichen des geplanten technisch-wissenschaftlichen Erkenntnisziels
- die Einhaltung von Termin- und Kostenplan
- die Pünktlichkeit, mit der Teilziele erreicht und Zwischenberichte abgegeben werden.

Quelle: Peter Rinza in VDI-Nachrichten

2.12 So funktioniert Ihre Teamarbeit besser

Wenn Sie sich Stellenanzeigen in diversen regionalen oder überregionalen Zeitungen oder auch im Internet anschauen, werden Sie immer wieder auf den Begriff „Teamarbeit" oder auch „Führen von Teams" stoßen.

Zu mir sagte vor einiger Zeit ein Teilnehmer eines Projektmanagement-Seminars: „Herr Kairies, ich bin schon seit fast 40 Jahren in dieser Firma tätig. Ich habe schon viele Modeerscheinungen erlebt, und wir haben sehr viele, gute Produkte in dieser Firma entwickelt. Wenn das nicht so wäre, wären wir ja heute nicht zusammen. Aber ich frage mich manchmal, ob diese neumodischen Dinge wie Teamarbeit, Projektarbeit, Simultaneous Engineering, Business Reengineering, Prozessorientierung und vieles mehr nicht nur Modeerscheinungen sind. Muss man nicht einfach nur lange genug warten, bis diese Erscheinungen wieder aus dem Alltag verschwinden? Also ich frage mich, muss ich mich in meinem Alter von 62 Jahren überhaupt noch mit Teamarbeit beschäftigen?"

Wie sehen Sie das? Glauben Sie auch, dass Teamarbeit eine Modeerscheinung ist? Stellen Sie sich doch einmal die Frage, warum in heutiger Zeit so viele Unternehmen von Teamarbeit reden. Einige schaffen es ja auch, Teamarbeit in ihrer alltäglichen Praxis umzusetzen. Ist Teamarbeit nun eine Modeerscheinung oder nicht? Warum ist Teamarbeit erforderlich? Wenn Sie schon längere Zeit in Ihrer Firma tätig sind, werden Sie sicherlich erlebt haben, dass Projekte, insbesondere Produktentwicklungen immer komplexer geworden sind. Nehmen Sie das Beispiel „Maschine". Eine Maschine hat vor 30 Jahren vorwiegend aus Mechanik und Antriebstechnik bestanden. Heute würden viele Maschinen ohne Mikroprozessortechnik, ohne SPS, Bus-Technik und ohne Software nicht funktionieren, d.h. mit dem zunehmenden Komplexitätsgrad der Produkte wird es erforderlich, immer mehr Experten zusammen zu führen und zu koordinieren. Da sind wir mit unserer sequenziellen Art der Arbeit, nämlich nacheinander separat in Abteilungen zu arbeiten, schnell am Ende.

Wir benötigen Teamarbeit, um verschiedene Kompetenzen zusammenzuführen, um verschiedenes Expertenwissen abzugleichen und um diese unterschiedlichsten Aufgaben an verschiedenen Schreibtischen und Abteilungen zu koordinieren. Deshalb ist Teamarbeit heute zwingend erforderlich. Betrachten Sie deshalb die Teamarbeit, auch wenn es sich seltsam anhört, als einen Integrationsprozess von Expertenwissen und als einen Koordinationsprozess von unterschiedlichen Tätigkeiten verschiedener Fachbereiche oder eventuell verschiedener Unternehmen.

Sie sind der Koordinator, der Dirigent, der diese verschiedenen Menschen zusammenführt. Auch wenn es Abteilungen oder Unternehmen sind, um die es geht, verantwortlich sind immer die Menschen, und hier sind wir wieder bei der Führungsaufgabe des Projektleiters. Sie führen Menschen zum Ziel, zum Projektziel, zum Ergebnis. Sie vernetzen Menschen, Sie vernetzen Wissen und Sie vernetzen Tätigkeiten. Das läuft nicht von alleine. Sie können in Ihrer Firma die dicksten Handbücher mit detailliertesten Prozessen beschrieben haben.

„Menschen lassen sich nicht von Handbüchern zum Erfolg führen."

2.12.1 Vermeiden Sie sequenzielles Vorgehen von Instanz zu Instanz

Sie erinnern sich an das Beispiel ganz am Anfang zur Einführung in das Projektmanagement. Dabei ging es um einen kundenspezifischen Auftrag. Dieser Auftrag wurde leider nicht termin- und sachgerecht abgewickelt, weil es keine Teamarbeit gab, sondern man arbeitete nach dem Verfahren des Taylorismus. Jeder tut seine Arbeit. Für sich. Jeder betrachtet seine Arbeit als Black Box. Man arbeitet in Zellen. Es gibt geistige Mauern zwischen den Abteilungen. Übrigens, interessant: Ich frage in meinen Seminaren immer wieder danach, wie die Teamarbeit funktioniert. Ich bekomme meist als Antwort „Hervorragend, Herr Kairies, bei uns funktioniert die Teamarbeit hervorragend, in unserer Abteilung, aber wissen Sie, abteilungsübergreifend oder bereichsübergreifend, da funktioniert es meistens nicht so gut."

Aber gerade das ist der entscheidende Punkt der Teamarbeit. Es geht darum, ein Projekt in einem interdisziplinären Team von Anfang an gemeinsam durchzuführen. Damit die unterschiedlichsten Anforderungen und auch das unterschiedliche Expertenwissen aus den Abteilungen einfließen kann. Nur so schaffen Sie es, gemeinsam eine hohe Kompetenz zu einem Top-Produkt zusammenzubringen.

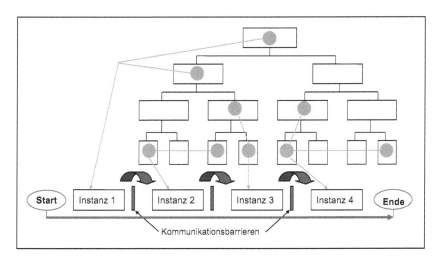

Abb. 2.28 Vermeiden Sie sequenzielles Vorgehen „von Instanz zu Instanz". Nacheinander statt miteinander führt zu unnötig langen Projektzeiten.

2.12.2 Teamarbeit verkürzt den Zeitbedarf Ihres Projekts

Sinn und Zweck der Teamarbeit ist es, Kompetenzen und Expertenwissen zusammenzuführen sowie Tätigkeiten zu koordinieren, aufeinander abzustimmen und damit reibungsloser abzuwickeln. Teamarbeit muss allerdings gelernt werden.

Ich erlebe es immer wieder in verschiedensten Unternehmen, dass alle über Teamarbeit reden, aber die wenigsten wissen, wie erfolgreiche Teamarbeit tatsächlich funktioniert. Teamarbeit, richtig umgesetzt, führt zu einer Verkürzung von Projektlaufzeiten. Aber machen wir uns nichts vor: Als Projektleiter sind Sie sehr stark von Ihrem Umfeld abhängig. D.h. Entscheidungen, die auf höherer Ebene getroffen werden, müssen schnell getroffen werden. Allzu oft besteht die Gefahr, dass von höherer Stelle „hineindirigiert" wird. Gewisse Einflüsse müssen Sie als Projektleiter einfach akzeptieren und trotzdem das Beste daraus machen.

Gute Teamarbeit erfordert aber auch eine Teamkultur. Unabhängig davon, wie die Teamkultur in Ihrer Firma ist: Bemühen Sie sich darum, eine eigene Teamkultur aufzubauen. Sie sind das Zugpferd, Sie sind das Vorbild, und wenn es Ihnen gelingt, Leistungsbereitschaft zu erzeugen, selbst bei Mitarbeitern, die es gewohnt sind, in ihrem Trott ihre Aufgaben abzuwickeln, werden Sie sehr viele positive Aspekte erleben.

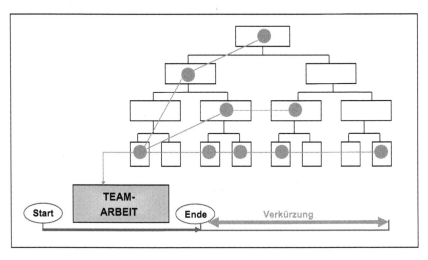

Abb. 2.29 Miteinander statt nacheinander und gegeneinander. Teamarbeit verkürzt den Zeitbedarf Ihres Projekts

2.12.3 Wie lässt sich durch professionelle Projektarbeit die Dauer verkürzen?

1. Parallelisieren Sie Arbeiten. Wenn Sie Ihren ersten Projektplan erarbeitet haben, stimmen Sie diesen Projektplan mit Ihrem Projektteam ab. Überlegen Sie, an welcher Stelle Aufgaben nicht zwangsläufig zeitlich nacheinander abgewickelt werden müssen. Überlegen Sie, wo gibt es Aufgaben, die Sie parallel oder fast parallel abwickeln können. Versuchen Sie Ihren Projektplan zu „stauchen", schaffen Sie damit Freiräume. Es ist Ihre Entscheidung als Projektleiter oder als Projektteam, ob Sie diese dazu gewonnenen Zeiten als Pufferzeiten verwenden oder ob Sie damit den Endtermin vorziehen. Parallelisieren von Arbeitsschritten setzt aber eine gute Kommunikation voraus. Denn ohne vorläufige Annahmen lassen sich Parallelisierungen nicht durchführen.

2. **Versuche Sie, Eigenschaften für neue Produkte möglichst früh zu erkennen.** „Tu es gleich richtig". Trotz Zeitdruck und engem Terminplan sollten Sie mehr Zeit für die Aufgabenklärung und die Konzeptphase einplanen. Es hört sich etwas widersprüchlich an, wenn ich Ihnen sage, einerseits mehr Zeit für die Konzeptphase einzuplanen und andererseits einen größeren Druck auszuüben. Aber Sie werden es sicherlich selbst erlebt haben: Selbst wenn man feststellt, dass der Terminplan sehr eng ist, am Anfang eines Projekts wirkt sich Zeitdruck nicht so stark aus. Man hat auch am Anfang niemals die Effizienz, die man zum Ende des Projekts erreicht. Deshalb versuchen Sie diesen Spagat. Planen Sie genügend Zeit für alternative Lösungen, für Voruntersuchungen ein. Aber üben Sie von Anfang an einen angemessenen Druck aus. Machen Sie es sich zur Gewohnheit, Dinge gleich richtig zu machen. Viele Kleinigkeiten brauchen unnötig Zeit, weil sie permanent überarbeitet werden.

Dazu ein Beispiel: Sie führen sicherlich bei Ihren Projektsitzungen Protokolle. Vielleicht haben Sie das auch erlebt. Ein Protokollführer hat das Protokoll während der Sitzung „im Verborgenen" geschrieben. Kurz vor der nächsten Sitzung verteilt er es. Sie schauen in das Protokoll, überfliegen es, und fragen sich, ob Sie in derselben Projektsitzung waren. Was passiert? Das Protokoll muss korrigiert werden. Dem Protokollführer wird die Aufgabe übertragen, das Protokoll nachzuarbeiten. „Mach's gleich richtig" bedeutet: Führen Sie sichtbare Online-Protokolle. Setzen Sie einen Beamer ein und erarbeiten Sie gemeinsam ein Protokoll, das Sie zum Ende der Sitzung durchgehen und in Ihrer Projektsitzung verabschieden. Verteilen Sie das freigegebene Protokoll sofort nach der Sitzung. So vermeiden Sie Schleifen und unnötige Aufwendungen.

Nutzen Sie für Ihre Projektarbeit Erfahrungen von ähnlichen Projekten. Nutzen Sie das Wissen von anderen Projektleitern oder auch von Projektmitarbeitern aus anderen Projekten. Das Stichwort heißt „Management by walking around" oder „Management by calling around".

Kunden oder auch Lieferanten haben oft ein unschätzbares Expertenwissen. Beziehen Sie in Ihre Projektarbeit frühzeitig Kunden mit ein und unterschätzen Sie auch nicht das Know-how der Lieferanten. Beachten Sie als Projektleiter, dass Sie nicht die Verkäufer der Lieferanten zu sich bitten, sondern Entwickler, Materialexperten, Produktmanager oder eben die Fachkräfte, die in Ihrer Projektarbeit einen Input leisten können.

Damit Sie möglichst frühzeitig schon erkennen können, ob Ihr Projekt Erfolgsaussichten hat, sollten Sie hilfreiche Tools einsetzen. Eines dieser Tools - INNOplan - haben Sie bereits kennen gelernt. Planen Sie auch Zeit für frühzeitig orientierende Versuche ein, Tests, Vorversuche, usw. Nutzen Sie auch solche Methoden wie Rapid Prototyping.

3. Beschleunigen Sie Arbeiten und Entscheidungen. Arbeiten innerhalb des Projektteams lassen sich durch Verbesserung der Projektkultur und durch geschickte Abstimmung beschleunigen. Reduzieren Sie Aufwände für die Besprechungsdokumentation, durch Verwendung von Beamer und Online-Protokoll. Reduzieren Sie Ihre Aufwände, indem Sie auf Perfektion verzichten. Es geht nicht darum, Qualität in irgendeiner Form einzuschränken. Es geht darum, kundenorientierte Eigenschaften zu entwickeln, Produkte, die sich gut verkaufen lassen und nicht Denkmäler, die sich einzelne Entwickler bauen wollen. Nutzen Sie den „Turboeffekt" durch zügige Entscheidungen.

4. Arbeiten Sie in Powerteams. Teamarbeit kann maximal in einer Gruppe von 6 Teilnehmern funktionieren. Organisieren Sie von Anfang an Ihr Projektteam als Kernteam und erweitertes Team. Sehr gute Erfahrungen habe ich mit sogenannten Powerteams gemacht. Was in der Automobilindustrie oder bei großen Zulieferern längst selbstverständlich ist, lässt sich auch bei mittelständischen Unternehmen umsetzen. Gemeint ist das Arbeiten in kleinen, interdisziplinären Teams. Gruppen, die während der Projektarbeit aus dem Tagesgeschäft herausgezogen werden. Ein solches Powerteam kann je nach Projektgröße für ein mittelständisches Unternehmen aus vier oder fünf Mitarbeitern bestehen. Die Idee ist, dass sich diese Mitarbeiter täglich treffen und täglich gemeinsam an den Konzepten arbeiten und gemeinsam entwickeln.

Sie kennen die Wirkung des Sägezahneffekts: Mit hoher Konzentration arbeiten Sie an einer umfangreichen Aufgabe. Im Abstand von fünf bis zehn Minuten werden Sie durch Anrufe unterbrochen. Genau diese Zeit benötigen Sie nach jedem Anruf, um einigermaßen Anschluss an die Gedanken zu finden, die Sie vorher hatten. Über mehrere Stunden, vielleicht über einen ganzen Tag verteilt, werden Sie feststellen: Die Effizienz ist äußerst mager. Vielleicht haben Sie am Ende eines Arbeitstags das Ergebnis von einer Netto-Arbeitsstunde erreicht. Und genau das ist die Idee des Powerteams: Das Powerteam wird nicht durch Tagesgeschäft abgelenkt. Das Powerteam arbeitet 2, 4, 6, 8 Wochen oder auch länger ohne Störung oder Ablenkung durch das Tagesgeschäft an einer Aufgabe.

Das zügige Freigeben von Meilensteinen fördert den Projektfortschritt. Wenn Sie im Powerteam arbeiten, wird für Meilenstein-Freigaben das erweiterte Team einbezogen.

Tipp: Gehen Sie mit der Zeit so bewusst um wie mit Geld.

Checkliste: Wodurch wirkt Simultaneous Engineering?

1. Parallelisierung der Arbeiten
- Zeitlich nacheinander laufende Arbeiten werden (fast) parallel abgewickelt.
- Gute Kommunikation und vorläufige Annahmen.
- Kernteam setzt in der Realisierungsphase parallel arbeitende Gruppen ein.

2. Eigenschaftsfrüherkennung für Produkte
- Mehr Zeit für Aufgabenklärung und Konzeptphase
- "Mach's gleich richtig".
- SE-Team (interdisziplinär) bringt Erfahrungen von ähnlichen Projekten ein
- Kunden und Lieferanten einbeziehen
- Mut zu Annahmen. Simulation
- Frühzeitige Kostenschätzung (INNOplan)
- Frühzeitig orientierende Versuche
- Rapid Prototyping

3. Beschleunigung der Arbeiten
- Verbesserung der Besprechungskultur durch gute Moderation, Kommunikationsregeln
- Reduzierung des Aufwands für Besprechungsdokumentation durch Sofort-Protokolle
- Effektive Werkzeuge

4. Projektorganisation
- Kernteam + erweitertes Team = Gesamtteam.
- Power-Team
- Projektleiter kooperativ, aber stark und motivierend.
- Ablaufplan mit Meilensteinen (Freigabe!) strikt einhalten.
- Freigabebesprechungen

Tipp: „Mach's gleich richtig"!

2.12.4 Woran die meisten Projekte scheitern

Die Erfolgsanalyse zahlreicher Projekte macht deutlich, woran viele Projekte wirklich scheitern. Interessant ist, dass nicht Fachwissen oder auch technische Gründe die Hauptursachen waren. Sondern: Die Hauptursachen waren Führungsschwäche, fehlende Methodik und Systematik, zwischenmenschliche Schwierigkeiten, die nicht gemeistert werden konnten und die Unfähigkeit, Entscheidungen schnell genug zu treffen.

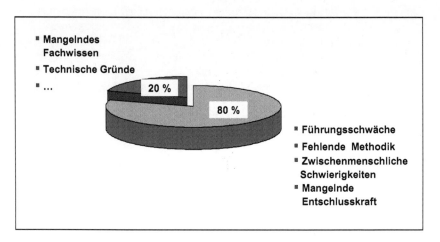

Abb.2.30 Woran Projekte scheitern. Die Führungsfähigkeit des Projektleiters bestimmt maßgeblich den Projekterfolg.

Als Resümee kann man feststellen: Projekte scheitern nicht an der Technik, sondern am Menschen. Umso wichtiger ist es, ein gutes Team aufzubauen. Leider haben Sie als Projektleiter nicht immer die Möglichkeit, ein Team nach Ihren Vorstellungen zu formen. Als Projektleiter dürfen Sie Vorschläge machen und oft nur Wünsche äußern, wen Sie in Ihrem Projekt haben möchten. Trotzdem sollten Sie verstehen, welche Menschen gut zusammen arbeiten können und wie Sie aus einer Gruppe von Kollegen, ein richtig starkes, erfolgreiches, motiviertes Team entwickeln können.

2.12.5 Das Gehirnmodell

Der Amerikaner Ned Herrmann hat in den 70er Jahren eine Methode entwickelt, unterschiedliche Denk- und Handlungsweisen sichtbar und damit vergleichbar zu machen. Die Basis seiner Untersuchungen waren insbesondere die Ergebnisse der beiden Gehirnforscher Roger Sperry und Paul D. MacLean. Diese Gehirnforscher untersuchten die funktionalen Unterschiede der linken und rechten Gehirnhälften sowie die Aufteilung des Gehirns in Großhirn, Zwischenhirn und Stammhirn. Aus diesen Untersuchungen entstand das sogenannte „Herrmann-Dominanz-Modell" (HDI).

Kernpunkt ist: Die unterschiedliche Art, wie Menschen Informationen wahrnehmen, aber auch die unterschiedliche Art zu denken und Schlüsse zu ziehen, hat ihren Ursprung in unterschiedlichen Teilen unseres Gehirns. Sie müssen als Projektleiter kein Psychologe sein, um dieses Gehirnmodell zu verstehen. Es ist ein Modell, eben nicht die Wirklichkeit, aber es beschreibt und erklärt sehr viele Verhaltensweisen und es hilft uns, die Teamarbeit besser zu verstehen und zu gestalten. Einfach ausgedrückt, haben diese Hirnforscher das Großhirn in vier Teilbereiche aufgeteilt.

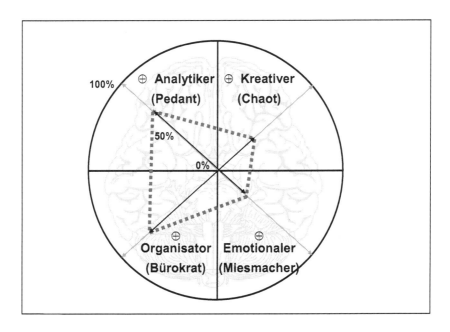

Abb.2.31 Das Herrmann-Dominanz-Modell (in Klammern jeweils die negativen Seiten der Ausprägung). Beispiel für die Ausprägung einer Testperson (gepunktete Linien)

Der obere linke Teil ist besonders für das rationale Denken prädestiniert. Wer hier eine besondere Begabung (Ausprägung) hat, kann sehr gut analysieren, kann mit Zahlen umgehen, liebt Fakten, ist technisch organisiert und kann auch sehr logisch denken. Das linke untere Viertel beinhaltet das eher organisatorische Denken. Eine besondere Ausprägung in diesem Bereich führt zu strukturierten Vorgehensweisen, organisierten Abläufen, aber beinhaltet auch eine gewisse konservative, ja eine kontrollierte Haltung. Wer im rechten oberen

Bereich eine besondere Ausprägung hat, ist sehr kreativ, er geht sehr intuitiv an Aufgaben heran, er lässt sich durch bildhaftes Denken schnell zu Inspirationen bringen. Aber der Kreative kann auch chaotisch sein. Im rechten unteren Bereich liegt das Emotionale. Jemand der hier besondere Ausprägungen hat, ist besonders stark in zwischenmenschlichen Dingen. Er entscheidet eher emotional. Er kann musikalisch sein, ist in der Regel auch mitteilsam und ein geselliger Mensch.

Wie Sie an diesem Beispiel sehen, können diese vier Fähigkeiten in einem Menschen sehr unterschiedlich ausgeprägt sein. Nimmt man nun eine Skala von 0 bis 100 % und definiert einen mittleren Wert von 50 %, dann können Sie erkennen, wie die Ausprägungen verteilt sind. Vielleicht nutzen Sie einfach diese o.g. Abbildung, um Ihre Kreuzchen zu machen, was trifft auf Sie zu? Allerdings ist es nicht so einfach, ohne die entsprechenden Fragen das richtige Profil zu erarbeiten. Als Projektleiter und Menschenkenner sollte man sehr wohl in der Lage sein, sich einigermaßen einzuschätzen. Es gibt übrigens einige Institute (im Internet finden Sie verschiedene Angebote), die Ihnen einen Satz von 120 Fragen anbieten. Wenn Sie diese Fragen beantworten, dann gibt es im Gegenwert von 20 bis 60 Euro eine entsprechende Auswertung.

Nun aber die Frage an Sie: Wenn Sie sich überlegen, dass Sie in Ihrem Team Kreative haben, Emotionale, Sie haben Menschen, die gut organisieren können und Sie haben die logischen Analytiker. Was glauben Sie, welches Ergebnis brachten zahlreiche Untersuchungen? Welche Teamzusammensetzung war die beste? Haben die Emotionalen, die Organisatoren, die Kreativen oder sogar die Analytiker die besten Ergebnisse gebracht? Wie ist Ihre Einschätzung? Denken Sie kurz darüber nach, bevor Sie die Antwort geben. Sie haben richtig geraten. Die besten Ergebnisse haben sich immer dann eingestellt, wenn vier dieser Ausprägungen vorhanden waren. Jemand, der sehr analytisch denken und arbeiten konnte, jemand, der kreativ ist und gute Ideen hat, jemand, der emotional ist und auch Entscheidungen schnell treffen kann, und jemand, der den organisatorischen Überblick hat. Die besten Ergebnisse kamen aus diesen gemischten Teams, wobei Teamfähigkeit und fachliche Kompetenz natürlich Voraussetzung sind.

Aber Achtung: Diese Zusammensetzung ist mit Abstand die schwierigste Situation, die Sie als Projektleiter vorfinden können. Denn Sie haben es nicht nur mit unterschiedlichen Abteilungen zu tun, nein, Sie haben es auch noch mit unterschiedlichen Charakteren zu tun. Diese Menschen dann in einem Team dazu zu bringen, gemeinsam ein Ziel zu erreichen, unter Druck und mit extrem sportlichen Vorgaben, das ist natürlich eine große Herausforderung. Deshalb müssen Sie verstehen, wie Sie als Projektleiter Teams führen und wie Sie Ihre Projektarbeit erfolgreich gestalten.

Ich möchte Sie nicht entmutigen, aber die Schwierigkeit eines solchen Teams ist noch größer als man es im ersten Moment erwartet. Denn nicht nur die Berufe und Charaktere, auch teilweise die Wertvorstellungen sind unterschiedlich. Auch die Art und Weise, wie gearbeitet wird, mit welcher Methodik, mit welchem Stil und ob überhaupt Methodiken angewandt werden. Noch schlimmer, einige „Gehirnprogramme", so möchte ich es nennen, hindern uns daran. effizient zusammenzuarbeiten. Wenn man sie nicht überwindet, machen sie eine fruchtbare Teamarbeit zunichte.

Um das besser zu verstehen, ein Beispiel: Vielleicht haben Sie das schon einmal erlebt. Sie sehen ein künftiges Teammitglied zum ersten Mal. Der Mitarbeiter kommt auf Sie zu, Sie „scannen" ihn ab und innerhalb von wenigen Sekunden bilden Sie sich ein erstes Urteil. Sie werden es vielleicht selbst gespürt haben: Manchmal geht bei einem ersten Eindruck der Daumen nach oben und manchmal nach unten. Und wenn er nach unten geht, dann mit einem unangenehmen Gefühl, ja mit einer gewissen Ablehnung. „Oh je, mit diesem Kollegen zusammenarbeiten, wenn das mal gut geht." Sie müssen verstehen, was in Ihrem Gehirn abläuft. Warum geht im einen Fall Ihr Daumen nach oben und im anderen nach unten? Wir alle tragen das Bild eines idealen Ichs in uns. Ein Bild, wie wir aussehen möchten, wie wir uns bewegen möchten, ob wir mehr sportlich sein möchten, eher schlank, eher muskulös, an welche Werte wir glauben, wie wir reagieren möchten. Wir gleichen andere Menschen mit diesem eigenen Bild ab. Wann immer Sie Menschen begegnen, die Ihrem persönlichen Idealbild nicht entsprechen, kann es sein, dass sich ein Gefühl verselbständigt: Ablehnung.

Dieses Verhaltensmuster mag vor zigtausenden von Jahren eine gewisse Daseinsberechtigung gehabt haben, nämlich als man in Sippen lebte und sich vor Fremden schützen musste, vor allem vor ansteckenden Krankheiten. Aber heute gibt es leider trotz Globalisierung, trotz multikultureller Teams, in denen wir zusammenarbeiten müssen, immer noch diesen „Neandertaler", der Fremde ablehnt. Und genau dieses Verhaltensmuster ist es, das Teamarbeit erschwert, ja manchmal unmöglich macht. Was können Sie also daraus lernen, und wie können Sie Teamarbeit verbessern?

Vielleicht haben Sie Kollegen kennen gelernt, die sehr teamfähig sind. Vielleicht haben Sie auch andere Kollegen kennen gelernt, die völlig unfähig sind, in Teams zu arbeiten, die anecken, die andere ablehnen, sehr schnell in Kontroversen, in Streitigkeiten geraten. Ihnen wird sicher aufgefallen sein, dass der Teamfähige eine innere Haltung hat. Wer teamfähig ist, akzeptiert Andersartigkeit. Oder umgekehrt: Wenn Sie bereit sind, Andersartigkeit zu akzeptieren statt abzulehnen, werden Sie automatisch teamfähiger. Wir alle vergleichen immer wieder andere Menschen mit unserem idealen Ich. Und noch einmal: Wenn Sie erlauben, dass dieser Vergleich mit einem negativen, ablehnenden Gefühl verbunden wird, dann erschweren Sie Ihre persönliche Teamfähigkeit.

Was können Sie tun, um Teamarbeit zu verbessern? Fünf Tipps für erfolgreiche Teamarbeit:

1. Andersartigkeit akzeptieren und Toleranz fördern. Freuen Sie sich, wenn Sie unterschiedliche Projektmitarbeiter an einem Tisch haben. Diese Unterschiedlichkeit kann zu außergewöhnlichen Ergebnissen führen. Vermeiden Sie es, Andersartigkeit abzulehnen. Durchbrechen Sie dieses Verhaltensmuster. Schützen Sie Teilnehmer, die wegen ihrer Andersartigkeit abgelehnt werden. Wenn Sie ganz professionell denken, dann gehen Sie einen Schritt weiter. Nutzen Sie die Vielfalt von Sichtweisen, Erfahrungen und Fähigkeiten, um aus Ihrer Projektarbeit noch mehr herauszuholen. Fördern und fordern Sie tolerantes Verhalten.

2. Regeln vereinbaren und einfordern. Denken Sie an den Straßenverkehr in einer Großstadt. Etwas Chaotischeres gibt es kaum. Trotzdem funktioniert der Straßenverkehr meistens. Können Sie sich vorstellen, dass Straßenverkehr ohne Regeln, ohne Vorfahrtsschilder, ohne Ampeln, ohne Kreisverkehr funktionieren könnte? Das gleiche gilt auch für Ihre Projektarbeit. Vereinbaren Sie mit Ihrem Projektteam Regeln, z.B. wann Sie sich treffen wollen. Treffen Sie sich regelmäßig. Treffen Sie Vereinbarungen über die Protokollführung. Wo soll der Projektordner abgelegt werden? Vereinbaren Sie auch Regeln der Zusammenarbeit in Ihren Meetings. Aber zeigen Sie sich nicht als Schulmeister. Die beste Möglichkeit, Regeln zu vereinbaren und einzufordern besteht nach der Manöverkritik am Ende Ihrer Projektsitzung. Das ist psychologisch ein geschickter Zeitpunkt um Regeln zu vereinbaren.

3. Kein Meeting ohne aktiven Moderator. Sobald drei oder vier Projektmitarbeiter zusammenkommen, ist es sinnvoll, dass einer die Rolle des Moderators übernimmt. Das ist in der Regel der Projektleiter. Er lädt ein, organisiert das Meeting, moderiert es, stimmt Inhalte und Ziele ab usw. Die Hauptaufgabe des Moderators ist es, dafür zu sorgen, dass die geplanten Agendapunkte, die Besprechungsziele erreicht werden.

4. Fun-Faktor und Projektkultur. Projektarbeit, die Spaß macht, funktioniert besser. Vermeiden Sie in Ihren Projektsitzungen ein aggressives, spannungsgeladenes oder frostiges Klima. Bringen Sie als Projektleiter gute Laune mit.

Stecken Sie andere an. Reißen Sie andere mit. Die Stimmung bestimmt. Und wenn gute Laune und Fun in Ihrer Besprechung vorherrschen, wird es Spaß machen, auch mit schwierigen Themen konstruktiv umzugehen. Denken Sie aber daran, dass das Ganze nicht in Ausgelassenheit ausartet. Auf der einen Seite sorgen Sie für lockere Stimmung, auf der anderen Seite ziehen Sie straff an, damit die Besprechungspunkte erreicht werden.

Abb.2.32 Entwickeln Sie ein Team-Gefühl. Fördern Sie den Fun-Faktor. Pflegen Sie eine motivierende Projektkultur. So verbessern Sie die Leistungsbereitschaft Ihrer Mitarbeiter.

5. Konstruktive Streitkultur. Konsequentes Lösen von Schwierigkeiten. Ich habe in meiner langjährigen Tätigkeit als Berater und Coach kein bedeutendes Projekt kennen gelernt, in dem es nicht irgendwann zu Schwierigkeiten kam. Entscheidend für den Projekterfolg ist, wie gut das Projektteam in der Lage ist, Schwierigkeiten konstruktiv zu lösen. Themen, die emotional geladen sind, Mitglieder, die sehr hektisch reagieren, können eine Projektsitzung zur Hölle machen. Hier sind Sie als Führungskraft gefragt. Bauen Sie das Bewusstsein auf, Probleme rechtzeitig anzusprechen und gemeinsam Lösungen zu finden. Eine konstruktive Streitkultur setzt immer Punkt 1 voraus, nämlich dass sich die Kontrahenten untereinander akzeptieren, dass sie zuhören, was der andere zu sagen hat, auf die sachlichen Inhalte hören und sich nicht gegenseitig emotional aufheizen. „**Miteinander statt gegeneinander**".

2.12.6 Was Sie von Projektmitarbeitern erwarten sollten

Mitglieder im Kernteam oder im erweiterten Team haben die Aufgabe, ihre Abteilung zu vertreten. Sie sind verantwortlich für das Abwickeln und Koordinieren von Aufgaben in ihrer Fachabteilung. Das Teammitglied sollte sich auch mit seinem disziplinarischen Vorgesetzten abstimmen, vor allem dann, wenn zusätzliche Ressourcen erforderlich sind. Das Teammitglied ist gleichzeitig der verantwortliche Teilprojektleiter, der diese Angelegenheit in seiner Abteilung regelt. Vom Teammitglied sollten Sie Expertenwissen, Input und Erfahrungen aus seinem Fachbereich erwarten.

Das mehr oder weniger teamfähige Verhalten einzelner kann eine Projektsitzung entweder bremsen oder fördern. Nehmen Sie das Beispiel „Vorbereiten auf Meetings". Jeder weiß, dass man sich auf Meetings vorbereiten muss. Aber die Frage ist: Warum gibt es trotzdem Projektmitarbeiter, die sich nicht daran halten? Ein Mensch verhält sich eben anders als eine Schraube mit einem normierten Gewinde.

Sorgen Sie in Ihren Meetings dafür, dass aktiv zugehört wird, dass Teilnehmer ausreden können. Und letzten Endes: Offenheit und Teamgeist entstehen dann, wenn man ein gemeinsames Ziel hat, wenn man ein gemeinsames Projektergebnis anstrebt. „We are the winning team". „Alle sitzen in einem Boot". Verschweißen Sie Ihr Team zu einem gemeinsamen Bekenntnis. Dem Bekenntnis, dass jeder sich für das Erreichen des Projektziels engagieren möchte. Und haben Sie auch den Mut, jeden Einzelnen zu fragen, ob er sich fest entschlossen hat, das Projekt zu unterstützen und zum Erfolg zu führen. Sie können für Ihre Teamarbeit sehr viel organisieren, Sie können sehr viele Festlegungen treffen, Regeln vereinbaren, Sie können sich auch auf Abläufe berufen, aber das, was bei einem Team wirklich funktioniert, entsteht durch Eigenverantwortlichkeit und Motivation.

Deswegen, verschwenden Sie nicht zuviel Zeit für Formalitäten. Halten Sie Formalitäten ein, die in Ihrer Firma unbedingt erforderlich sind, aber lassen Sie es nicht zu Bürokratie ausarten, sondern stellen Sie den Menschen in den Mittelpunkt. Überlegen Sie sich, wie Sie Ihre Projektmitarbeiter motivieren können. Versuchen Sie auch nicht, einzelne Projektmitarbeiter zu bevormunden, indem Sie ihnen zeigen, dass Sie selber der bessere Fachmann sind. Wie könnten Sie das auch sein, wenn Sie in Ihrem Projektteam Experten aus verschiedenen Abteilungen haben.

Tipp: Appellieren Sie an die Eigenverantwortlichkeit und motivieren Sie Ihr Team zu engagiertem Handeln.

3. Das gelungene Projektmeeting

Welche Erfahrung haben Sie mit Projektmeetings gemacht? Haben Sie in letzter Zeit Projektmeetings selbst moderieren müssen? Waren Sie Teilnehmer bei Projektmeetings? Was sind Ihrer Meinung nach die häufigsten Fehler bei Projektmeetings? Sicher werden Sie eigene Erfahrungen gesammelt haben. Von Firma zu Firma, von Meeting zu Meeting gibt es natürlich auch Unter-schiede.

Ich frage sehr oft Projektteams nach ihren Erfahrungen: Was ist bei Ihrem Meeting gut gelaufen und was machen Sie beim nächsten Mal besser? Es gibt einige typische „Renner", die immer wieder genannt werden. An vorderer Stelle stehen folgende Aussagen:

- Keine klare Agenda
- Über zu viele Details diskutiert
- Zu schwache Moderation
- Mangelhafte Disziplin Einzelner
- Unpünktlicher Beginn
- Mangelhafte Vorbereitung von Teilnehmern

3.1 Vor dem Meeting

Die nachfolgenden Tipps sollen Ihnen helfen, Projektmeetings professioneller vorzubereiten, durchzuführen und nachzubereiten.

1. Bereiten Sie das Meeting gut vor.

- **Thema**: Worum geht es? Was soll erreicht werden? Legen Sie Themen fest.
- **Teilnehmer**: Wer wird an dem Meeting teilnehmen? Kernteam? Erweitertes Team? Wer muss zusätzlich eingeladen werden?
- **Agenda**: Welche Themen sollen in welcher Reihenfolge besprochen werden? Welche **Ziele** sollen erreicht werden? Wie hoch ist der Zeitbedarf für das Meeting?

Wann ist der richtige Zeitpunkt, sich auf das Meeting vorbereiten? Mein Tipp: Bei den meisten Meetings reicht es, sich zweimal vorzubereiten. Einmal, wenn Sie die Agenda rausschicken (hier müssen Sie sich sowieso mit Zielen und Inhalten auseinandersetzen) und das zweite Mal dann kurz vor dem Meeting.

2. Senden Sie die Agenda zeitgerecht aus.

Angenommen, Sie treffen sich in Zeitabständen von etwa drei Wochen, wann sollten Sie die Agenda für das nächste Meeting rausschicken? Mein Tipp: circa drei bis fünf Arbeitstage vorher.

3. Fordern Sie eine gute Vorbereitung von jedem Meeting-Teilnehmer.

Bevor Sie die Agenda abschicken, bitten Sie ggf. die Teilnehmer darum, Ihnen mitzuteilen, welche Themen - zusätzlich zu den geplanten - besprochen werden sollten. So können Sie kurzfristig die Agenda anpassen. Jeder Meetingteilnehmer sollte sich überlegen, welche Fragen geklärt werden müssen, damit er weiterarbeiten kann. Achten Sie darauf, sollten Präsentationen gehalten werden, dass diese Präsentationen z.B. mit Powerpointfolien oder -handouts für das Protokoll vorbereitet sind.

> ☑ **17. Check:** Wie zufrieden sind Sie mit der Vorbereitung von Projektmeetings?

3.2 Während des Meetings

Sorgen Sie zunächst dafür, dass Sie die Rahmenbedingungen stimmen.

1. Klären Sie die organisatorischen Rahmenbedingungen. Online-Protokoll: Wer protokolliert? Moderation: Wer moderiert? In der Regel wird der Projektleiter selbst moderieren. Themen und Ziele abstimmen: Was wollen wir heute erreichen? Gehen Sie gemeinsam mit Ihrem Team die Themen durch. Lassen Sie sich einige Minuten Zeit. Nehmen Sie neue Themen auf, sofern es der Zeitrahmen zulässt. Zeit: Wie lange wird es dauern? Stimmen Sie ab, ob alle Anwesenden über die ganze Meetingzeit auch dabei sein werden. Review des letzten Protokolls. Gehen Sie die Ergebnisse des letzten Meetings anhand des Protokolls kurz durch. Kurz heißt: zwei bis drei Minuten. Diese Protokollwiederholung dient nur dazu, sich schnell auf die Themen des letzten Meetings einzustimmen. Schaffen Sie eine kurze Übersicht über den Status des Projekts. Gegebenenfalls erläutern Sie den aktuellen Stand am Projektplan. Wenn Sie im erweiterten Team zusammen kommen, wird man sich freuen, wenn Sie ein kurzes Statement abgeben, welche Entscheidungen seit dem letzten gemeinsamen Meeting getroffen wurden und welche Aufgaben noch offen sind.

2. Lassen Sie Präsentationen generell mit Beamer, Overheadfolien oder Flipchart unterstützen. So können Sie viel Information in kürzester Zeit nachvollziehbar vermitteln.

3. Visualisieren Sie. Ein Bild sagt mehr als 1000 Worte. Visualisieren erhöht die „Intelligenz des Teams". Sobald jemand einen schwierigen Sachverhalt erklärt, bitten Sie ihn, z.b. eine Skizze zu machen.

4. Lassen Sie bei Diskussionen eine Redezeit von maximal drei Minuten zu. Unterbrechen Sie Dauerredner freundlich aber bestimmt.

5. Sorgen Sie für Kundenorientierung. Machen Sie klar, dass es bei Ihrem Projekt um das Lösen von Kundenproblemen geht, dass das Ziel ein zufriedener Kunde oder zufriedene Kunden sind. Stellen Sie den Kunden in den Mittelpunkt und nicht die eigenen Interessen.

6. Machen Sie Nägel mit Köpfen. Wann immer Entscheidungen zu treffen sind, fordern Sie eine Entscheidung. Treffen Sie Entscheidungen eher heute als im nächsten Meeting. Ggf. ist es sinnvoll, die Begründung für die getroffene Entscheidung schriftlich festzuhalten, damit es zum späteren Zeitpunkt keine unnötigen Schleifen gibt.

7. Achten Sie auf die Kommunikationsebenen: Sachebene und Beziehungsebene bzw. emotionale Ebene. Es geht um die Lösung von Sachproblemen, aber Störungen auf der Beziehungsebene wirken sich immer negativ auf die Arbeitsfähigkeit aus. Deswegen sollten Sie für eine gute Stimmung sorgen. Emotionale Spannungen, die sich innerhalb des Meetings nicht auflösen lassen, sollten Sie vielleicht in einem Vier-Augen-Gespräch klären.

8. Arbeiten Sie immer mit einem Online-Protokoll und gehen Sie gemeinsam die Aufgabenliste durch. Halten Sie Aufgaben fest. Sichtbar mit dem Beamer.

9. Nach jedem Meeting: Führen Sie eine Manöverkritik durch. Haben Sie den Mut, am Ende der Projektsitzung eine Manöverkritik durchzuführen. Haben wir das Ziel des heutigen Meetings erreicht? Was ist gut gelaufen? Was machen wir beim nächsten Mal besser? Aber bedenken Sie: Feedback bedeutet nicht Fiesback. Feedback heißt: Statements von jedem Einzelnen einholen, nicht zerreden lassen. Vermeiden Sie Diskussionen.

☑ **18. Check:** Wie zufrieden sind Sie mit der Moderation und Effizenz der Projektmeetings?

3.3 Nach dem Meeting

1. **Verschicken Sie das Protokoll.** Vielleicht haben Sie das Protokoll schon online abgeschlossen. Sollte es Ihre Infrastruktur zulassen, verteilen Sie das Protokoll sofort per E-Mail. Entscheiden Sie sich, ob dieses Protokoll überhaupt verteilt werden muss. Denn wenn Sie es gemeinsam erarbeitet haben und es so gesichert ist, dass jeder einen Zugriff hat, ist es nicht erforderlich, alle Protokolle noch mal zu versenden.

2. **Kontrollieren Sie die beschlossenen Aufgaben.** Gehen Sie nicht davon aus, dass die Aufgaben in der Aufgabenliste automatisch abgewickelt werden. Rufen Sie an, fassen Sie nach, vergewissern Sie sich, dass die Dinge laufen.

☑ **19. Check:** Wie zufrieden sind Sie mit der Disziplin und Umsetzung der besprochenen Aufgaben?

3.4 Checkliste: Das gelungene Projektmeeting

Vor dem Projekt-Meeting
1. **Meeting vorbereiten**
   Thema : Worum geht's? Was soll erreicht werden ?
   Teilnehmer : Wer muss an dem Meeting teilnehmen ?
   Agenda : Welche Themen? Ziele? Zeitbedarf !
2. **Agenda zeitgerecht aussenden**
3. **Individuelle Vorbereitung aller Meetingteilnehmer**
   Ziel : Worum geht's? Was ist mir wichtig ?
   Meeting vorbereiten : Was muss ich vorbereiten ? Entscheidungen, Infos,..
   Präsentation vorbereiten : Powerpoint: Folien, Flipcharts, Handouts,..

Während des Meetings
1. **Rahmenbedingungen klären !**
   - Online-Protokoll : Wer protokolliert ?
   - Moderation : Wer moderiert ?
   - Themen und Ziele abstimmen : Was wollen wir heute erreichen ?
   - Zeit : Wie lange wird's dauern ?
   - Review Protokoll : Ergebnisse des letzten Meetings (kurz !!!)
   - Übersicht: ggf. Projektplan
2. **Präsentation mit Beamer, Flipchart, Overheadprojektor unterstützen !**
3. **Visualisieren !!!**

4. Bei Diskussionen Redezeit nicht über 3 Minuten !
5. Kundenorientierung
6. Nägel mit Köpfen machen: Entscheidungen treffen
7. **Bedenke : Sachebene und Beziehungsebene**
   - Es geht um die Lösung von Sachproblemen !
   - Aber : Bei Störungen in der Beziehungsebene : Arbeitsfähigkeit wieder herstellen, am Thema weiterarbeiten !
8. **Online-Protokoll und Aufgabenliste**
9. **Manöverkritik :**
   - Haben wir das Ziel des heutigen Tages erreicht ?
   - Was ist gut gelaufen?
   - Was machen wir beim nächsten Mal besser?
   - Bedenke : Feedback nicht Fiesback !

Nach dem Meeting
1. **Verschicken des Protokolls**
   Soweit nicht schon abgeschlossen
2. **Austeilen des Protokolls an die Teilnehmer**
   (spätestens binnen 3 Tagen)
3. **Kontrolle der beschlossenen Aufgaben**
   Laut Aufgabenliste

3.5 Sparen Sie Zeit mit Online-Protokollen

Wann immer es möglich ist, verfassen Sie Protokolle **bereits während des Meetings** mit PC oder Laptop und Beamerpräsentation. So stellen Sie sicher, dass ein von allen Teilnehmern verstandenes, gemeinsames Protokoll entsteht. Wer sollte Protokollführer sein? In Projekten, bei ähnlich verteilten Kompetenzen der Projektmitarbeiter, kann es durchaus sinnvoll sein, dass jeder in alphabetischer Reihenfolge das Protokoll übernimmt. Da aber Projekte meistens Expertenteams aus unterschiedlichen Fachbereichen darstellen, ist es besser, wenn z.B. Ihr Stellvertreter oder Sie selbst (!) das Protokoll schreiben. Ja, Sie haben richtig gelesen. Sie moderieren das Meeting und scheiben gleichzeitig das Protokoll. Das geht. Wenn Sie es einige Male geübt haben, werden Sie das Online-Protokoll als sinnvolles Moderationsmittel nicht mehr missen wollen. Erfassen Sie im Protokoll alle relevanten Besprechungspunkte mit Ergebnissen. Führen Sie die Aufgabenliste mit Terminen und Verantwortlichen.

Tipp: Sitzung zu Ende – Protokoll fertig !! Nutzen Sie Online-Protokolle.

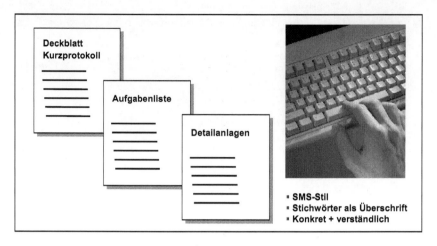

Abb. 3.1 Das Online-Protokoll besteht aus drei Teilen

Meine Empfehlung: Splitten Sie das Protokoll in drei Teile.

1. **Deckblatt und Kurzprotokoll.** Auf dem Deckblatt sollten die üblichen Daten, wie Art des Meetings, Datum, Teilnehmer, Verteiler usw. enthalten sein. Im Kurzprotokoll sollten die wesentlichen Ergebnisse aufgeführt werden, z.B. ein kurzer Überblick über die Hauptergebnisse, auch geeignet als kompakte Managementinformation.

2. Als **Aufgabenliste** empfehle ich Ihnen eine separate Liste, die Sie mit Word oder besser Excel erstellen. Hier erfassen Sie alle Aufgaben, die zu Ihrem Projekt gehören. Nummerieren Sie alle Aufgaben von 1 bis n durch. Damit haben Sie jederzeit einen Überblick, welche Aufgaben schon erledigt und welche noch offen sind. Ein Projekt hat immer nur eine Aufgabenliste.

3. Im dritten Part befinden sich **Detailanlagen**, das sind Detailbesprechungspunkte sowie Ergebnisse, die detaillierte Daten beinhalten. Anhänge können auch Präsentationen der Teilnehmer, Powerpointfolien oder Exceltabellen sein.

Schreiben Sie Ihr Protokoll nicht in umfangreichen Prosatexten, sondern versuchen Sie, Protokolle so kurz wie möglich zu halten. Was jedem Verfasser von Protokollen meistens schwer fällt, ist die präzise Formulierung. Was jeden Leser besonders nervt, sind ausschweifende Formulierungen. Ein kleiner Trick: Überlegen Sie sich, wie Sie die Inhalte des Protokolls verständlich als SMS formulieren würden. Schreiben Sie Protokolle im SMS-Stil. Verfassen Sie Stichwörter als orientierende Überschriften, so dass Ihr Protokoll klar gegliedert ist und leicht überflogen werden kann. Denken Sie daran, dass nicht nur Projektmitarbeiter das Protokoll lesen, sondern auch Nicht-Anwesende. Ihr Protokoll sollte trotz SMS-Stil so klar, konkret und verständlich formuliert sein, dass auch Nicht-Beteiligte das Wesentliche verstehen.

Tipp: Nutzen Sie die Aufgabenliste als Führungsinstrument.

☑ **20. Check**: Verfassen Sie in Ihren Projektmeetings Online-Protokolle? Wie zufrieden sind Sie mit der Übersichtlichkeit und Verständlichkeit?

☑ **21. Check**: Führen Sie konsequent eine Aufgabenliste? Kontrollieren Sie die Erledigung der Aufgaben?

Formulieren Sie im SMS-Stil. Beispiel:

Nicht so:
„Nach teilweise kontroversen Diskussionen (ca. 1 Stunde und 10 Minuten) wurde das Pflichtenheft einstimmig von allen Anwesenden freigegeben. Anfängliche Bedenken von Herrn Müller wurden später neutralisiert. Details sind in den Anlagen 2.1 und 2.2. zusammengefasst"

Sondern so: Eine bessere Beispiel-Formulierung

1. Pflichtenheft
- Freigegeben
- Siehe Anl. 2.1. und 2.2

Nr.	Aufgabe	Verantw.	Datum	Bemerkungen
1	Änderungsantrag zur Einführung Vers.2 erstellen	PM/Müller	12.02.2007	
2	Freigabe der getesteten Anlage-Software	TE3/TK	01.03.2007	
3	Bereitstellung der ergänzten Delta-Dokumentation	PMD/Meier	15.02.2007	
4	Dokus mit Ergänzungen erstellen	TMS/ Ze.		
5	Produktion der vorgefertigten 250 St. A99	TMS/ Ze.	28.04.2007	
6	Sperrung / Umrüstung des aktuellen Lagerbestands	TMS/Ka.	01.06.2007	
7	Freigabe der getesteten WinTools	TEW/Ka.	15.05.2007	
8	Bereitstellung der neuen WinTools auf CD	TEW/Ka.	01.06.2007	
...	......		......	......

Abb.3.2 Die Aufgabenliste ist ein Führungsinstrument

3.6 Zu viele Aufgaben. Zu wenig Zeit. 10 Tipps für mehr Zeit

Manche Projektleiter leiden darunter, dass sie zu wenig Zeit haben. Einige Tipps, wie Sie Ihr Zeitproblem besser in den Griff bekommen:

1. Beobachten Sie Ihre persönliche Leistungskurve (Vormittag, Nachmittag, Abend). Legen Sie z. B. wichtige Projektsitzungen in die Leistungshöhepunkte, z.b. auf den späten Vormittag Und erledigen Sie die Dinge in dieser Zeit, die die meiste Konzentration erfordern.

2. Setzen Sie bewusst Prioritäten.
A: Was ist wichtig und dringend?
B: Was ist wichtig aber nicht so dringend?
C: Was ist weder wichtig noch dringend?
Gehen Sie das zuerst an, von dem viel abhängt. Fragen Sie sich, was passiert, wenn Sie nichts tun.

3. Nutzen Sie Ihre persönlichen Stärken. Konzentrieren Sie sich auf Dinge, die Sie gut können und die Ihnen Spaß machen. Delegieren Sie den Rest möglichst weiter.

4. Finden Sie Ihre Zeitfresser heraus. Überprüfen Sie regelmäßig, womit Sie Ihre Zeit verbringen bzw. verschwenden.

5. Machen Sie sich und Ihren Projektmitarbeitern die Projektziele verständlich. Was muss erreicht werden? Was ist besonders wichtig? Was bringt das Projekt voran? Dafür sollten Sie Zeit investieren.

6. Man kann es nicht jedem recht machen. Sagen Sie auch mal NEIN. Kein anderes Wort verschafft Ihnen mehr Zeit als der gezielte Einsatz von NEIN.

7. Erstellen Sie einen Projektplan und führen Sie eine Aufgabenliste. Notieren Sie Aktivitäten, Termine und Aufgaben. Behalten Sie den Überblick und bereiten Sie sich schon am Vortag auf Ihre Aktivitäten am nächsten Tag vor.

8. Schaffen Sie Arbeitsblöcke. Wer große Aufgaben unterbricht, braucht mehr Zeit und Energie. Der Sägezahneffekt reduziert die Effizienz. Fassen Sie ähnliche Aktivitäten zu einem geschlossenen Arbeitsblock zusammen. So verschaffen Sie sich neue Spielräume.

9. Entwickeln Sie sich zu einem „Leer-Tischler" und „Leer-E-Mailer". Alles, was Ihr Auge erfasst, bindet die Aufmerksamkeit Ihres Gehirns. Entfernen Sie radikal alles, was Sie heute nicht benötigen. Löschen Sie konsequent alle E-Mails, die Sie nicht mehr brauchen. Ergebnis: Arbeitsenergie und Konzentration werden nicht mehr blockiert.

10. Geben Sie sich am Ende des Tages ein Feedback: Was haben Sie gut gemacht, was werden Sie zukünftig anders machen? Und was haben Sie heute das letzte Mal getan?

3.7 So moderieren Sie souverän

Tipps, wie Sie Projektmeetings noch effizienter und souveräner moderieren:

- Für **Kontakt** unter den Teilnehmern noch vor Beginn des Meetings sorgen
- **Pünktlich** beginnen
- Teilnehmer **begrüßen**
- **Agenda und Ziele** des Meetings abstimmen
- Status. **Projektplan** besprochen
- **Zeitrahmen** vorgeben
- **Online-Protokoll** von Anfang an. Sitzung zu Ende, Protokoll fertig.
- **Aufgabenliste** führen. Nur Muss-Aufgaben.
- **Aufgaben von Teilnehmern präsentieren lassen**
- Unparteiisch sein. Die **sachlich** beste Lösung unterstützen.
- **Reihenfolge** der Wortmeldungen einhalten. Das Wort - außerhalb der Reihenfolge - nur bei direkter Ansprache eines Teilnehmers
- Mit **Namen** ansprechen
- **Niemals die Führung abtreten**
- Das **Projektziel** immer vor Augen haben.
- **Visualisieren.** „Ein Bild sagt mehr als 1000 Worte".
- **Wertschöpfung** der Beiträge für das Tagesziel beachten
- Beiträge **unterbrechen,** die nicht zum Thema gehören
- **Eigene Redezeit** auf ein **Minimum** begrenzen
- Spätestens nach 30 Minuten **zusammenfassen**
- Dafür sorgen, dass **konstruktiv kritisiert** und nicht genörgelt wird
- **Kritik an der Sache,** aber nicht an der Person zulassen
- Privatdiskussionen **unterbrechen**
- Dafür sorgen, dass jeder **zuhört** und den anderen **ausreden** lässt
- Bei Unklarheit **rückfragen**
- Unterlegenen Teilnehmern **helfen**
- **Fragetechniken** einsetzen: „Wer fragt, der führt".

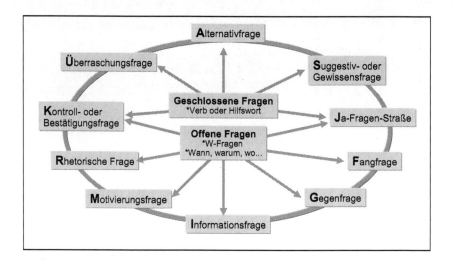

Abb.3.3 Mit Fragen bringen Sie Ihr Team auf Kurs. Wer fragt, der führt. Setzen Sie als Moderator viele Fragetechniken ein.

- Keine Rechtfertigungen oder Belehrungen zulassen
- **Projekterfolge herausstellen**
- Mit einer **Zusammenfassung** der Besprechungsergebnisse schließen: Online-Protokoll
- **Themen** des nächsten Meetings fixieren (soweit möglich)
- Nach erfolgter **Manöverkritik** bedanken und verabschieden

☑ **22. Check**: Wie souverän und effizient moderieren Sie Projektmeetings?

4. So motivieren Sie Ihr Team

Erinnern Sie sich noch an das Kommunikationsmodell aus dem Abschnitt 2.11.2? Was war die Kernbotschaft dieses Kommunikationsmodells? Wann immer Sie Menschen überzeugen wollen, müssen Sie auf der Sach- und auf der emotionalen Ebene wirken. Die größte Wirkung erzielen Sie auf der emotionalen Ebene. Ist es Ihnen bewusst: Entscheidungen werden zu 85 % emotional und nur zu 15 % rational getroffen. Das liegt in der Natur des Menschen und an den Vorgängen, die in unserem Gehirn ablaufen. Ähnlich verhält es sich mit der Motivation. Wenn Sie sich selbst oder andere motivieren wollen, gelingt Ihnen das mit rationalen Worten kaum. Sprechen Sie Bedürfnisse und Emotionen an.

Verwenden Sie emotional besetzte Wörter. Beispiel: Ein Projektleiter führt eine Projektsitzung. Um sein Team zu motivieren, sagt er folgendes: „Verehrte Kollegen, Sie alle wissen, man hat uns dieses Projekt übergeben, damit wir es qualitäts- und termingerecht abwickeln. Jeder in der Runde muss jetzt das logisch Richtige tun, damit das Projekt vorankommt. Deshalb rufe ich sie auf, tun Sie begeistert Ihre Pflicht." Wie kommt das bei Ihnen an? Führt diese Aussage des Projektleiters zu einer großen Begeisterung? Führt es zu der gewünschten Motivation?

Was können Sie als Projektleiter tun? Sie sind nicht weisungsbefugt wie ein Geschäftsführer, Sie haben auch nicht die Möglichkeiten, Incentives oder Prämien zu verteilen, und trotzdem müssen Sie Ihr Team motivieren.

4.1 So motivieren Sie Ihr Team *nicht* !

Manche Teamleiter verstehen es exzellent, ihr Team zu **de**motivieren. Folgende Tipps sollten Sie auf keinen Fall ernst nehmen !!

1. (-) **Übervorteilen Sie Ihre Mitarbeiter regelmäßig**. Wenn Sie immer an Ihren Vorteil denken und diesen über alle Gefühle anderer stellen, dann werden andere sich selbstverständlich jederzeit wahnsinnig gerne für Sie einsetzen.

2. (-) **Üben Sie sich in der Kunst der Schuldzuweisung**. Sagen Sie immer laut und deutlich, wer gerade Mist gebaut hat - so befreien Sie die kreativen Energien anderer.

3. **(-) Geben Sie anderen niemals genügend Zeit**, sich zu äußern. Unterbrechen Sie, winken Sie müde ab und wischen Sie die Argumente anderer rigoros vom Tisch - so macht man sich richtig beliebt.

4. (-) Wann immer Ihnen die Argumente ausgehen, **beginnen Sie laut zu schreien**, damit man Sie wenigstens gut hören kann.

5. **(-) Üben Sie immer extremen Druck auf andere aus**, denn unterdrückte und bedrückte Mitarbeiter arbeiten freudig und effizient.

6. **(-) Zwingen Sie anderen Ihre Meinung auf**, unabhängig davon, ob Ihre Meinung unbedingt besser ist: Hauptsache, Sie setzen Ihren Ansatz durch. Damit ersparen Sie diesen armen Menschen die Notwendigkeit, selbst nachzudenken; man wir Ihnen ewig dankbar sein.

7. (-) Wurschteln Sie sich ziel- und planlos durchs Projekt. **Wer sich vorher nicht festgelegt hat, der kann keinen Misserfolg haben.** Projektmitarbeiter lieben es, nicht zu wissen, wo es langgeht. Außerdem haben Sie den enormen Vorteil, dass man Sie später mit Sicherheit nie der Zielverfehlung anklagen kann.

4.2 Erkennen Sie Ihre eigenen Motivatoren und die Ihrer Projektmitarbeiter

Um es deutlich zu sagen, die zuvor genannten Tipps sollten Sie nicht umsetzen. Ist Ihnen aufgefallen: Alle sieben Punkte sprechen weniger die rationale Ebene an, sondern mit diesen Verhaltensweisen werden Emotionen provoziert. Nur leider negative Gefühle und die Wirkung ist auch die falsche. Wer so mit seinen Projektmitgliedern umgeht, wird eher Demotivation, ja sogar Abneigung und Aggression erzeugen, auf keinen Fall Motivation.

Was können Sie tun, um Motivation zu erzeugen? Sprechen Sie positive Gefühle an und aktivieren Sie die Kraft von Bedürfnissen. Nachfolgend habe ich Ihnen in einer Motivations-Toolbox die wichtigsten Bedürfnisse und Möglichkeiten der Motivation zusammengestellt. Ein Tipp: Es ist sehr hilfreich, wenn Sie als Projektleiter wissen, wodurch Sie selber motivierbar sind. Wenn Sie die nachfolgenden Punkte durchgehen, dann bewerten Sie sich selbst, wie stark dieser Punkt Sie motiviert. Verwenden Sie dafür die „–3... 0... +3-Skala". Wenn Sie sagen „Das motiviert mich sehr", geben Sie „+3", wenn Sie sagen "weder positiv noch negativ" liegen Sie bei „0", und wenn Sie sagen „Das **de**motiviert mich eher", geben Sie eine „-3" an. Sie können auch Werte dazwischen wählen. Sie werden nach der Bewertung einen Überblick haben, welches für Sie die stärksten Motivatoren sind. Bitte verwenden Sie die Motivations-Toolbox im Anhang.

Kontakt haben. Spaß an der Teamarbeit
Viele Menschen lassen sich motivieren, weil sie gerne mit anderen zusammenarbeiten. Teamarbeit vermittelt ein freudiges Grundgefühl. Es macht mehr Spaß, in einer Gruppe zu arbeiten als allein. Vielleicht haben Sie in Ihrem Team eine gewisse Kultur aufgebaut, in der Anerkennung und gegenseitige Wertschätzung vorherrschen. Damit werden Sie die Freude an der Zusammenarbeit fördern und die Motivation sich für den Erfolg Ihres Projektes besonders zu engagieren.

Wie sehr motiviert es Sie, statt alleine, im Team zu arbeiten?

(Bitte tragen Sie jeweils Ihre Bewertung in die Toolbox im Anhang S.144 ein)

Beziehungsaufbau. Persönliches Netzwerk erweitern
Projektarbeit bietet nicht nur die Möglichkeit, an fachlichen Aufgaben tätig zu sein, sondern Projektarbeit ermöglicht, Kontakt zu einflussreichen Personen in der Firma zu gewinnen. Sie wirken nach „oben" und nutzen diese Kontaktmöglichkeiten, um einen Draht zu Entscheidern aufzubauen. Je nach Größe Ihrer Firma oder nach Umfang Ihres Projekts werden Sie auch externe Personen kennen lernen, z.B. interessante Kunden, Kooperationspartner und Zulieferer. Nutzen Sie diese Gelegenheiten, um Beziehungen aufzubauen und damit Ihr persönliches Netzwerk zu erweitern. Mit „Vitamin B" geht manches leichter und schneller.

Wie sehr motiviert es Sie, Projektarbeit zu nutzen, um Ihr persönliches Netzwerk zu erweitern?

Hilfe geben macht dankbar und schafft Freunde
Wir alle haben gelernt, dass man Hilfe nicht ablehnen sollte. Statt Ihren Mitarbeitern Aufgaben aufs Auge zu drücken, oder vielleicht mit solchen Killerfragen einzuleiten „Herr Mayer, ich habe ein Attentat auf Sie vor", nutzen Sie besser das „Hilfe-geben-Syndrom". Also formulieren Sie es so: „Herr Mayer, ich brauche unbedingt Ihre Hilfe. Sie kennen sich doch im Thema XY sehr gut aus. Sie sind der Einzige, der wirklich Durchblick bei diesem Thema hat. Können Sie mir bitte .....?" Ernst gemeinte, authentische Hilferufe werden selten überhört. Prüfen Sie sich selbst, wie Sie in dieser Situationen reagieren.

Aber gehen Sie nicht in der Firma herum und beginnen jede Frage mit „Ich brauche Ihre Hilfe". Das wäre übertrieben.

Motiviert es Sie, wenn Sie jemanden aus „der Patsche" helfen können?

Qualifikation verbessern. Seinen Marktwert steigern
Ende der 90er Jahre gab es viele Projekte, die sich mit dem Aufbau des Internetauftrittes sowie von E-Business beschäftigten. Ich habe in diesen Projekten Mitarbeiter erlebt, die neben Ihrem Tagesgeschäft, mit dem sie bereits vollständig ausgefüllt waren, begeistert an Internet-Projekten mitgewirkt haben und viel Freizeit freiwillig investiert haben. Mir wurde sehr schnell klar, woher diese Motivation herrührte. Das damals neue Thema „Internet" war es. Viele Projektmitarbeiter haben es als eine besondere Chance erkannt, einer der Ersten in der Firma zu sein, die sich mit diesem Thema auskennen, und ihre Qualifikation damit zu verbessern. Nutzen Sie neue Themen zur Motivation Ihres Teams, z. B. wenn es um die Verwendung von neuen Technologien, neuer Fertigungsmethoden oder auch um den Zutritt zu ganz neuen Produktbereichen und Marktsegmenten geht. Höhere Qualifikation verbessert den Marktwert und sichert die Position in Ihrer Firma.

Wie sehr motiviert es Sie, Ihre persönliche Qualifikation zu verbessern?

Informiert sein. Wichtig genommen werden
Ich habe bereits deutlich gemacht, wie wichtig die Kommunikation innerhalb Ihres Projektteams ist. Die Kommunikation hat aber ihren Sinn und Zweck nicht nur darin, andere zu informieren, sozusagen der Information wegen. Sondern: Der Umstand, ob ein Teammitglied informiert wird oder nicht, hat auch einen psychologischen Effekt. Mitarbeiter, die übergangen werden, die nicht einbezogen und nicht informiert werden, fragen sich: „Weshalb übergeht man mich? Werde ich nicht wichtig genommen?" Nutzen Sie „aktives Informieren", um Projektmitarbeitern Wertschätzung zu zeigen. „Man fragt mich, also bin ich wichtig." Zu informieren und einzubeziehen ist auch eine Frage der Wertschätzung für seine Mitarbeiter.

Wie sehr motiviert es Sie, gut informiert zu sein und bei wichtigen Entscheidungen einbezogen zu werden?

Macht und Einfluss gewinnen. Verantwortung haben.
Als Projektleiter sind Sie Chef Ihres Unternehmens auf Zeit. Sie sind Chef der Projektmitarbeiter, wenn auch nicht mit den Befugnissen ausgestattet, wie ein Vorstand oder Geschäftsführer. Sie sind dem Team übergeordnet. Man hat Ihnen eine große Verantwortung übertragen. Nehmen Sie das Beispiel eines Politikers.

Viele Politiker engagieren sich, opfern sehr viel Freizeit, sind 14 oder 16 Stunden am Tag im Einsatz. Warum? Was ist der Motivator eines Politikers? Vergleichen Sie die Einkommensverhältnisse von Politikern mit dem Salär von Vorständen in der Industrie. Sie werden feststellen: Politiker schneiden deutlich schlechter ab. Trotzdem, woher kommt die starke Motivation mancher Politiker? Sie denken jetzt sicherlich an das Richtige, vielleicht kennen Sie den Motivator auch aus eigener Erfahrung. Manche Politiker werden von dem unersättlichen Wunsch nach Macht getrieben. Sie möchten Einfluss gewinnen, mächtig sein, Entscheidungen beeinflussen, im Rampenlicht stehen. Dieses Bedürfnis, immer mehr „Macht zu gewinnen" motiviert sie und treibt sie an. Sich von Macht motivieren zu lassen, kann bei einigen Menschen extrem ausgeprägt sein. Es gibt aber auch Menschen, die Machtgefühl ablehnen und sagen „Das ist nicht das, was mich antreibt, ich empfinde Machtstreben eher abstoßend." Als Projektleiter ist es förderlich, wenn Sie sich zumindest ein bisschen durch das Gefühl von Macht motivieren lassen. Sie können Macht auch positiv definieren, indem Sie sagen, Sie übernehmen gerne Verantwortung, üben gerne Einfluss aus und es begeistert Sie, Menschen zu ehrgeizigen Projektzielen zu motivieren.

Wie sehr motiviert es Sie, Verantwortung zu übernehmen und damit Einfluss zu nehmen?

Geld. Finanzielle Vorteile gewinnen
In manchen Unternehmen werden Mitarbeiter durch Zielvereinbarungen geführt. Wenn Führen durch Zielvereinbarung üblich ist und praktisch alle Leistungsträger in den Genuss von Zielerreichungsprämien kommen können, dann macht es Sinn für besonders ehrgeizige Projekte eine Zielerreichungsprämie anzubieten. Allerdings sollten Sie beachten: Zielerreichungsprämien für Projektarbeit führen sehr leicht zu Unzufriedenheit. Nicht bei den Projektmitarbeitern, die die Prämie erhalten. Sondern bei allen anderen, die nicht zum Projektteam zählen, aber trotzdem für den Projekterfolg Außergewöhnliches leisten. Ich empfehle daher, mit Zielerreichungsprämien als Motivationsmittel sparsam umzugehen. Ausnahmen sind, wie gesagt, Firmen, bei denen Zielerreichungsprämien ein üblicher Standard sind und wenn z.B. besonders bedeutungsvolle Projekte unter Zeitdruck zum Erfolg gebracht werden müssen.

Wie stark lassen Sie sich durch „Geld" motivieren?

Aufrichtige Anerkennung bekommen
Mit Anerkennung geht man in vielen deutschen Unternehmen äußerst sparsam um. Mitarbeiter engagieren sich außergewöhnlich, bekommen aber kaum Anerkennung dafür. Machen Sie sich zur Gewohnheit, Ihren Projektmitarbeitern Lob für besondere Leistungen auszusprechen. Geben Sie Applaus für gute Prä-

sentationen. Gratulieren Sie allen Mitwirkenden, wenn Meilensteine erreicht oder besonders schwierige Schritte abgeschlossen wurden. Sie werden erleben, dass ein Motivationsschub durch Ihr Team geht. Anerkennung authentisch zu geben ist einer der stärksten Motivatoren überhaupt. Ich habe Mitarbeiter erlebt, die jahrelang keine Anerkennung trotz außergewöhnlicher Leistung bekommen haben. Ganz im Gegenteil: Sie wurden kritisiert für alles, was sie darüber hinaus nicht getan haben. Ein Projektmitarbeiter sagte einmal: „Wissen Sie, mir reicht es schon aus, wenn mein Chef nicht kritisiert und nörgelt. Wenn er nichts sagt, dann ist das für mich schon die höchste Form der Anerkennung. Nicht getadelt ist schon gelobt."

Wie sehr motiviert Sie aufrichtige Anerkennung für besondere Leistungen?

Status. Bedeutend sein
Geben Sie ihren Projektmitarbeitern das Gefühl, dass sie z.B. an einem strategisch wichtigen Schlüsselprojekt arbeiten. Im Kick-off-Meeting sollten Sie nicht nur die Projektziele und Meilensteine erläutern, sondern vor allem wie bedeutungsvoll das Projekt ist. Wichtig bedeutet aber nicht nur wichtig für die Firma, sondern auch für die Projektmitarbeiter. Er selbst ist wichtig, weil er seinen Fachbereich vertritt, viel von ihm abhängt und deshalb ist er maßgeblich für den Projekterfolg. Vielleicht ist Ihr Projekt ein Schlüsselprojekt, das Projekt Nr. 1 in diesem Jahr. Vielleicht erfüllt es Sie mit Stolz, dass Sie ausgewählt wurden, dieses Projekt zu führen. **Jeder Mensch möchte bedeutend sein.**

Wie sehr motiviert es Sie, bedeutend zu sein?

Persönlich entfalten können
Wir alle haben den Wunsch, Erfüllung zu finden. Natürlich zählt dazu auch das berufliche Leben. Wer aber sein Projektteam gängelt, Kollegen bevormundet, besserwisserisch in Entscheidungen hineindirigiert, der wird eher Demotivation erzeugen. Geben Sie Ihren Projektmitarbeitern genügend Freiraum. Fordern Sie Engagement, aber lassen Sie ihnen das Gefühl, selber die beste Lösung zu finden. Leider wird der eigentliche Freiraum i. A. nicht durch Ihr eigenes Führungsverhalten als Projektleiter geschaffen, sondern eher von den Entscheidern, z. B. dem Projektlenkungsausschuss, dem Auftraggeber oder auch der Geschäftsleitung. So war es in der Vergangenheit oft üblich, dass Meilensteine nicht vom Team allein freigegeben werden dürfen, sondern von Bereichsleitern, die sich eigentlich in diesen Projekten gar nicht auskannten. Es bringt mehr Motivation, genügend Entscheidungsbefugnisse zu geben und die Verantwortung dem Projektleiter und seinem Team zu überlassen statt hineinzudirigieren.

Wie stark motiviert es Sie, Freiraum zu haben, sich persönlich entfalten zu können?

Verlässlichkeit. Sich sicher fühlen
Verlässlichkeit betrifft jeden im Projektteam. Seien Sie Vorbild. Auch wenn es sich altmodisch anhört. Vorbild zu sein, ist eine der wichtigsten Führungsleitlinien eines Projektleiters. Seien Sie ein Vorbild in punkto Verlässlichkeit. Vermitteln Sie Ihren Mitarbeitern das Gefühl: „Auf den kann ich mich verlassen. Was er mir zusagt, wird er halten. Wenn er mir etwas ankündigt, dann weiß ich, er wird es auch tun."

Wie sehr motiviert es Sie, sich auf andere wirklich verlassen zu können?

Erfolgserlebnisse beflügeln
Erfolgserlebnisse zählen neben der Anerkennung zu den stärksten Motivatoren. Richten Sie Ihren Blick nicht zu stark auf Probleme, Hindernisse und Widerstände, sondern richten Sie Ihren Fokus auf Erfolge, die im Projekt erreicht wurden. Stellen Sie Erfolge heraus. Betreiben Sie Marketing für Ihr Projekt. Loben Sie Ihre Projektmitarbeiter. Seien Sie stolz auf Ihre Leistung, aber vermitteln Sie auch Stolz, wenn z. B. Meilensteine trotz Hindernisse pünktlich erreicht wurden.

Wie stark werden Sie durch Erfolgserlebnisse motiviert?

Tipp: Erkennen Sie als Projektleiter, was Ihnen Spaß und Freude an der Projektarbeit macht (=motiviert) und erkennen Sie, was Ihnen keinen Spaß macht.

4.3 Sanfter Druck kann helfen

Wenn Sie die oben genannten Motivatoren konsequent nutzen, werden Sie die Leistungsbereitschaft Ihres Teams enorm steigern. Trotzdem werden Sie hin und wieder an Grenzen stoßen. Sie werden erleben, dass Mitarbeiter trotz Motivationsbemühungen nicht ihre volle Leistung bringen. Für Sie als Projektleiter stellt sich dann die Frage: „Soll ich auf Projektmitarbeiter Druck ausüben?" Denken Sie an die Leitlinie: Ein guter Projektleiter ist ein unbequemer Projektleiter. Was ist unbequem? Unbequem bedeutet, unbequeme Fragen zu stellen, nachzufassen, hinterherzulaufen und damit Druck auf Projektmitarbeiter auszuüben. Mit Druck läuft vieles besser. Ohne Druck geht es oft gar nicht. Höchstleistungen entstehen meistens unter Druck. Meine Empfehlung: Nutzen Sie Druckmittel in angemessener Form. Ich betone aber noch einmal: In angemessener Form. Welche Druckmittel können Sie verwenden?

Sprechen Sie Erwartungen klar aus.
Manche Projektleiter tun sich schwer, klar zu fordern, was sie wollen. Über Sie, Erwartungen eindeutig und direkt auszusprechen: „Ich bitte Sie... Ich erwarte von Ihnen..." Wenn Sie z. B. Termine und bestimmte Aufgaben vereinbaren, fordern Sie die termingerechte Umsetzung. Sprechen Sie unmissverständlich aus, welche Erwartungen Sie an den anderen haben.

Warnen Sie unmissverständlich vor Misserfolg.
Zeigen Sie negative Konsequenzen für das Projekt auf. Wenn bestimmte Aufgaben nicht erledigt werden, führt das zu einer Verschiebung. Und, noch schlimmer, andere eingeplante Ressourcen können nicht rechtzeitig beginnen. Damit stören sie auch den reibungslosen Ablauf anderer Projekte. Warnen Sie vor Misserfolg. Zeigen Sie negative Konsequenzen auf. Für das Projekt. Für andere Projekte. Für das Unternehmen. Aber nicht für den Mitarbeiter. Drohungen gegen Mitarbeiter auszusprechen, führt eher zu Gegenwehr.

Vereinbaren Sie schriftlich. Nageln Sie fest
Vielleicht haben Sie die Erfahrung gemacht, dass Sie mit Mitarbeitern Vereinbarungen treffen, diese aber nicht eingehalten werden. Halten Sie Abmachungen in einem gemeinsamen Protokoll fest. Lassen Sie sich ggf. mündliche Zusagen schriftlich bestätigen. Beim Start des Projekts werden Sie mit den Projektmitarbeitern über die verschiedenen Verantwortlichkeiten reden. Nageln Sie fest, indem Sie Vereinbarungen unterschreiben lassen. Nutzen Sie diese Möglichkeiten sehr gezielt. Aber Vorsicht: Es führt eher zu Demotivation, wenn Sie zuverlässig Mitarbeiter damit gängeln.

Stellen Sie Dringlichkeit und Bedeutung heraus
Wie hilfreich es ist, die Dringlichkeit und Bedeutung von Projekten herauszustellen, haben wir angesprochen. In diesem Fall bestimmt der Ton die Musik. Sprechen Sie mit überzeugter Stimme und machen Sie auch deutlich, welche Bedeutung das Projekt für jeden Einzelnen im Projektteam hat.

Machen Sie Verantwortung für das Ergebnis deutlich
Wenn der Druck, verursacht durch z. B. Terminverschiebungen, wächst, neigen manchmal Mitarbeiter dazu, sich in Unschuld zu waschen, indem sie Schuldige für ihr eigenes Versagen suchen. Lassen Sie diese Spielchen nicht zu. Suchen Sie nicht nach Schuldigen, sondern nach Ursachen, und konzentrieren Sie sich darauf, Lösungen zu finden. Machen Sie Projektmitarbeitern ihre Verantwortung für das Ergebnis deutlich. Das Gesamtergebnis des Projekts wird durch die Teilverantwortungen der Projektmitarbeiter getragen. Lassen Sie es nicht zu, dass Ausreden oder vorgeschobene Gründe Ihr Projekt blockieren. Ausreden und Rechtfertigungen schmälern die Persönlichkeit.

Nutzen Sie Autoritätspersonen
Schon zum Zeitpunkt des Kick-off-Meetings empfehle ich Ihnen, Autoritätspersonen zu zitieren oder mit einzubeziehen. Lassen Sie zum Kick-off-Meeting z. B. die Geschäftsführung die Bedeutung des Projekts herausstellen. Nutzen Sie verschiedene Autoritätspersonen, z.B. den Auftraggeber. Auch drohende Pönalen können einen positiven Druck erzeugen.

> **Tipp**: Üben Sie sanften Druck aus, ohne ein schlechtes Gewissen zu haben. Setzen Sie dieses Mittel wohl überlegt und gezielt ein.

4.4 Acht Tipps, wie Sie als Projektleiter motiviert bleiben

1. Seien Sie Sie selbst. Stehen Sie zu sich, stehen Sie zum Projekterfolg. Tun Sie das, was Sie für richtig halten. Aber stimmen Sie sich mit Ihrem Projektteam stets gut ab.

2. Akzeptieren Sie die Tatsache, dass nicht jeder Tag glanzvoll und ein voller Erfolg sein kann. Hochs und Tiefs sind abwechslungsreicher Teil Ihrer Projektarbeit. Irgendeiner wird Sie immer kritisieren. Egal was Sie tun. Akzeptieren Sie das als Normalzustand. Wo Licht ist, ist auch Schatten.

3. Erkennen Sie in dem, was in Ihrer Projektarbeit zu tun ist, als eine Herausforderung, um Freude zu gewinnen.

4. Suchen Sie nach erlebten Misserfolgen motivierende Gedanken. Was ist positiv an dieser Situation? Was kann ich daraus lernen? Wie kann ich künftig diese Situation vermeiden? In jeder Veränderung und in jedem Misserfolg steckt etwas Positives. Finden Sie es für sich heraus!

5. Haken Sie kleine, ärgerliche Sachen ab, so schnell es geht. Manche Probleme muss man aussitzen.

6. Nehmen Sie ab und zu die Motivations-Toolbox (siehe S. 144) zur Hand

7. Stellen Sie sich die Frage: „Worüber freue ich mich jetzt?" Je intensiver die Antwort zu einem freudigen Gefühl führt, umso besser für Ihre Motivation.

8. Bleiben Sie sich selbst treu. Die besten Projektleiter sind die besten, indem sie sich selbst treu bleiben. Versuchen Sie nie, einen anderen nachzuahmen, oder den Fußstapfen zu folgen. Also: Entspannen Sie sich und seien Sie einfach Sie selbst.

5. Wenn die Ideen fehlen

Gute Projektarbeit erfordert, nach neuen Lösungsansätzen, Konzepten und Wegen zu suchen. Wir sind jetzt bei der Frage: Was können Sie als Projektleiter tun, um Ihr Team zu mehr Kreativität und vor allem zu mehr Ideenreichtum zu führen.

Es gibt mittlerweile etwa 40 Kreativmethoden, die in der Praxis mehr oder weniger genutzt werden. Einige dieser Kreativmethoden können die Ideenfindung in der Projektarbeit sehr effizient unterstützen und sind leicht anzuwenden. Die wichtigsten Kreativmethoden wollen wir nachfolgend besprechen.

5.1 Vier Phasen des Problemlösungsprozesses: Vom Problem zur Lösung

Bevor Sie eine Kreativtechnik nutzen, sollten Sie zunächst sich selbst und allen Beteiligten verständlich machen, um welche Aufgabenstellung bzw. um welches Problem es sich konkret handelt.

1. Problembeschreibung.
Erläutern Sie die Aufgabenstellung und erzeugen Sie bei Ihrem Team ein tiefes Problemverständnis. Jeder muss die Aufgabenstellung verstanden haben. Viele Ideen sind deswegen unbrauchbar, weil die Aufgabenstellung nicht richtig verstanden wurde.

2. Kreativphase. Ideengewinnung
Nutzen Sie erst nach vollständiger Klärung der Aufgabenstellung Kreativmethoden, um Ideen zu gewinnen. **Wichtig**: In dieser Phase der Ideenfindung sollten Sie noch keine Bewertung durchführen. Trennen Sie generell Ideenfindung von Ideenbewertung. Wer zu früh, vielleicht schon im Brainstormingprozess, Ideen bewertet, blockiert die Kreativität. Und genau das wollen wir vermeiden. Ordnen Sie die Lösungsansätze inhaltlich, z. B. nach Clustern.

3. Ideenbewertung und Auswahl.
Erst wenn der eigentliche Ideenfindungs-Prozess abgeschlossen ist, kommt die Zeit der analytischen Nachbearbeitung. Hier geht es darum, völlig unbrauchbare Ideen auszusondern und durch Bewertung Prioritäten für die erfolgversprechendsten Ansätze zu erkennen.

4. Realisierung.
Wenn Sie sich für Ideen entscheiden und eine Bewertung durchgeführt haben, empfehle ich Ihnen trotzdem parallel verschiedene Lösungsansätze anzugehen. Oft wird sich erst bei der Realisierung in Vorversuchen zeigen, welches tatsächlich die am besten geeignete Lösung ist.

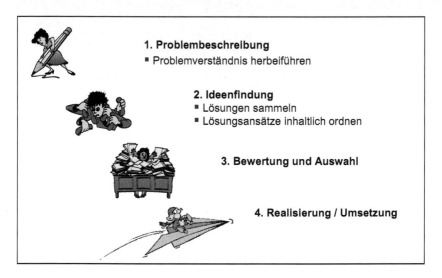

Abb.5.1 Die vier Phasen des Problemlösungsprozesses: Vom Problem zur Lösung

5.2 Brainstorming: Die 77ste Idee ist die Beste

Haben Sie schon einmal Brainstorming-Runden miterlebt? Brainstorming zählt zu den am meisten verwendeten Kreativtechniken in Unternehmen. Allerdings stelle ich in der Praxis immer wieder fest, dass mehr als 80 % der Brainstormings keine echten Brainstormings sind und deshalb nur schwache Ergebnisse liefern.

Vorbereitung
Bei der Vorbereitung sollten Sie die Aufgabenstellung möglichst gut visualisieren, vielleicht als Bild, als Skizze, mindestens verbal auf einem Chart, in Powerpoint oder auf einem Flipchart. Verteilen Sie die Aufgabenstellung möglichst schon vor der Sitzung, so dass die Teilnehmer Ihres Brainstormings

sich vorbereiten, ggf. klärende Fragen stellen können. Definieren Sie eine Teilnehmerzahl von mindestens vier bis maximal 12 Personen. Die besten Erfahrungen habe ich in einem Kreis von 6 bis 8 Personen gemacht. Brainstorming dauert mindestens 30 Minuten. Häufig wird für Brainstormings nur fünf oder 10 Minuten vorgesehen, und dann wundert man sich, warum keine neuen Ideen kommen.

Brainstorming durchläuft immer drei Phasen.

1. Aufwärmphase. Die Aufwärmphase dauert ca. fünf bis 20 Minuten. In dieser Aufwärmphase werden meist Problemlösungen genannt, die bereits bekannt sind. In dieser Phase geht es darum, sich mit dem Thema vertrauter zu machen und das Suchen von Ideen zu verinnerlichen.

2. Spinnerphase. Sie haben richtig gelesen, die zweite Phase ist die Spinnerphase. Vielleicht haben Sie das auch erlebt, wenn die Aufwärmphase zum Ende kommt, die Ideen ausbleiben, kommt es entweder zu einer Unterbrechung, zu einer Stillstandsphase, oder es kommen Ideen, die völlig aus der Luft gegriffen sind, die eigentlich gar keine nützlichen Vorschläge sind. Es sind eben Spinnereien, es sind Phantastereien. Diese Spinnerphase ist extrem wichtig, weil gerade in dieser Phase das Gehirn sich befreit und sich damit die Stimmung im Team auflockert. Schreiben Sie alle Ideen auf. Vielleicht wird in dieser Phase auch gelacht und Spaß gemacht. Halten Sie alle Ideen fest. Auf keinen Fall sollten Sie die Spinnerphase eindäm-men. Denn nach der Spinnerphase folgt die wichtigste Phase.

3. Kreativphase. In dieser Phase werden Phantastereien mit tatsächlich realisierbaren Ideen verknüpft. Die 77ste Idee ist die Beste. Sie brauchen eine Menge Ideen, um zu dieser Kreativphase zu kommen. Ich habe Brainstormings erlebt, die schon nach 20 bis 30 Minuten in die Kreativphase gekommen sind, bei anderen dauerte es länger als eine Stunde. In der Kreativphase kommen wirklich neue Lösungsansätze, andere als in der Aufwärmphase.

Tipps für besseres Brainstorming
Für ein effizientes Brainstorming ist es hilfreich, dass Sie wirklich jede Idee sichtbar notieren. Schreiben Sie Ideen auf Flipcharts und hängen Sie diese an die Wand oder legen Sie sie auf den Boden. Jegliche Kritik sollte zurückgestellt werden. Setzen Sie der Phantasie keine Grenzen. Achten Sie darauf, dass jeder Ideen des anderen aufgreifen kann. Es gibt keine Urheberrechte auf Ideen. Als Moderator sollten Sie diese Regel überwachen und neue Impulse setzen.

Noch ein Tipp: Führen Sie Brainstorming im Stehen durch. Wenn Sie Ihre Projektsitzung für den Nachmittag einberufen haben und alle Teilnehmer im Besprechungsraum versammelt sind, werden Sie vielleicht die Nachmittagsmüdigkeit als Blockade empfinden. Generell: Bitten Sie die Brainstormingteilnehmer, ihre Ideen im Stehen zu äußern. Wer steht, wer sich bewegt, bringt seinen Kreislauf in Gang. Und noch etwas. Legen Sie einige Zeitschriften aus, vielleicht Prospekte des Wettbewerbs, Informationsmaterial, das im weiteren Sinne mit der Aufgabenstellung korrespondiert. Nutzen Sie Assoziationsmöglichkeiten, von fremden Ideen auf neue, eigene Ideen zu kommen.

Auswertung
Wenn Sie nun eine Menge von Ideen gesammelt haben, sollten Sie diese Ideen zu Clustern gruppieren. Sondern Sie Ideen aus, die am Thema vorbeigehen und solche, bei denen man sofort erkennt, dass sie völlig unrealistisch sind. Bewerten Sie diese Ideen z.B. mit Punkten (Aufklebern) oder mit Ziffern und wählen Sie den Extrakt heraus, mit dem Sie sich weiter beschäftigen wollen.

5.3 Die 635-Methode: Unter Druck geht es besser

Ich wende die übliche 635-Methode in leicht abgewandelter Form an. Zunächst: Was bedeutet 635-Methode.

6 Teilnehmer, jeweils
3 Ideen, nach jeweils
5 Minuten

Das heißt, die 6 Teilnehmer dieser Runde haben jeweils ein Blatt Papier vor sich liegen. Auf diesem Papier befinden sich 3 Spalten und 6 Zeilen. Jeder schreibt innerhalb von 5 Minuten 3 Ideen in die vorgesehenen Spalten. Nach 5 Minuten gibt jeder Teilnehmer seinem rechten Nachbar das eigene Blatt weiter. Inspiriert durch die Ideen des Vorgängers wird er 3 neue Ideen entwickeln und notieren. Nach weiteren 5 Minuten reicht jeder das Blatt wieder nach rechts weiter. So werden Sie innerhalb einer halben Stunde 90 Lösungsideen sammeln. Natürlich können Sie auch mit weniger oder mehr Teilnehmern arbeiten, Sie können die Zeitintervalle verkürzen oder verlängern, so, wie es der Auf-gabenstellung zweckdienlich ist. Tipp: Üben Sie spielerischen Druck auf die Teilnehmer aus. Es gibt Menschen, die unter Druck besser arbeiten. 70 bis 80 % aller Menschen funktionieren unter Druck besser. Vereinbaren Sie „Strafen". Strafen für Felder, die nicht ausgefüllt wurden. Wenn jemand ein Blatt weiter gibt, das statt 3 Lösungen nur 2 oder eine enthält, muss er nach der 635-Session eine Strafe absolvieren, z. B. pro Lücke 50 Kniebeugen, 20 Liegestützen oder ähnliches.

Fordern Sie aber vorher das Einverständnis aller Teilnehmer ein und erklären Sie den psychologischen Mechanismus, der dahintersteht. Druck führt zu einer stärkeren Adrenalin-ausschüttung, Adrenalin treibt Atmung und Kreislauf an, es verbessert die Pulsfrequenz und erhöht den systolischen Blutdruck. Dadurch strömt mehr sauerstoffreiches Blut durch das Gehirn. Bitten Sie die Projektmitarbeiter aufzustehen, sich hinter ihren Stuhl zu stellen und im Stehen zu denken. Vergessen Sie aber den Fun-Faktor nicht.

5.4 CNB-Methode: Collective Notebook

Wenn Sie Projektsitzungen sehr kurz halten und Teilnehmer aus unterschiedlichen Standorten teilnehmen, kann es hilfreich sein, die CNB-Methode zu verwenden. Die Idee des kollektiven Notebooks ist, dass in der Zeit zwischen zwei Sitzungen die Projektmitarbeiter ihre Ideen in einem „gemeinsamen Notizblock" festhalten. Jedes Teammitglied hat einen **DINA3-Bogen**, möglichst in einer gut sichtbaren Farbe (rot, grün, ...) und dieser Bogen wird auf den Schreibtisch oder die Nähe des Schreibtisches platziert. Wann immer der Teilnehmer eine Idee hat, schreibt er es auf diesen Kreativbogen. Oder Sie verwenden ein **Diktiergerät**, sofern es so etwas bei Ihnen im Hause noch gibt. Das Gerät liegt griffbereit, um neue Ideen aufzunehmen. Zur nächsten Sitzung werden dann die gesammelten Ideen mitgebracht, allen Teilnehmern vorgestellt, gemeinsam diskutiert, bewertet usw.

Eine weitere Möglichkeit ist die „**gemeinsame Metaplanwand**"(Pinwand). Stellen Sie in Ihrer Abteilung gut sichtbar eine Metaplanwand auf. Hier hängen Vordrucke, auf die Mitarbeiter ihre Ideen festhalten können. Bei jedem Vorbeigehen wird man gespannt darauf sein, die Ideen anderer zu sehen, und wird inspiriert, selbst etwas aufzuschreiben. Damit thematisieren Sie die Aufgabenstellung, sie bleibt im Gedächtnis, und Sie sorgen dafür, dass fast automatisch immer wieder neue Ideen entstehen. Lassen Sie die Metaplanwand 2-3 Wochen in der Abteilung stehen. Danach verfügen Sie über eine große Anzahl von interessanten Ideen.

Eine Alternative zu dieser „gemeinsamen Metaplanwand" in der Abteilung ist das **Ideenbrett im Intranet**. Sie könnten auch sagen „ein Forum", ein Forum in dem die Projektmitarbeiter ihre Ideen, aber auch Fragen und Anregungen zur Aufgabenstellung hinterlegen können. Technisch gesehen ist dieses Ideenbrett im Intranet eine faszinierende Möglichkeit. Tatsächlich aber – in der Praxis – funktioniert es eher schlecht als recht. Deshalb empfehle ich Ihnen, besser den Kreativbogen oder die Metaplanwand einzusetzen.

5.5 Delphi-Methode: Wenn Sie nichts wissen und trotzdem eine präzise Antwort benötigen

Stellen Sie sich folgende Situation vor: Es geht um ein neues Projekt. Die Projektziele sind noch nicht detailliert konkretisiert worden, weder gibt es Meilensteine noch Vorstellungen über die genaue Spezifikation. Trotzdem erwartet man von Ihnen, dass Sie ein Budget abschätzen und eine Aussage über die Projektdauert treffen. In diesem Fall könnte Ihnen die Delphi-Methode weiterhelfen. Die Delphi-Methode ist immer dann einsetzbar, wenn Sie über keine konkreten Daten verfügen, aber trotzdem Aussagen z.B. über Budget, und Laufzeit von Projekten sowie Prognosen über Stückzahlen von Produkten machen müssen. Die Delphi-Methode führen Sie in einer Expertenrunde durch, d.h. Sie stellen ein interdiziplinäres Team zusammen. In diesem Team besprechen Sie zunächst die Aufgabenstellung mit den Informationen, die zu diesem Zeitpunkt zur Verfügung stehen. Jeder Teilnehmer schreibt dann seine geschätzten Zahlen auf einen Zettel. Es geht beispielsweise um die Frage: Wie viel Zeit werden wir für die Realisierung dieses Projekts oder dieses Projektabschnitts benötigen. Achten Sie darauf, dass jeder Teilnehmer seine Schätzung unbeeinflusst durchführt. Reden Sie vorher keinesfalls über eine mögliche Laufzeit, und sorgen Sie dafür, dass keiner dem anderen „in die Karten schaut". Sammeln Sie nach der Abschätzung die Zahlen ein und errechnen Sie daraus den arithmetischen Durchschnitt.

Es ist verblüffend: Obwohl noch keine konkreten Informationen verfügbar sind, liefert die Delphi-Methode oft erstaunlich gute Ergebnisse. Die Delphi-Methode ist auch einsetzbar bei der Entwicklung völlig neuer Produkte, für die es keine Vorgänger gibt, bzw. einer Diversifikation, neue Produkte in neue Märkte. Gemeinsam mit Produktmanagern und Vertriebsmitarbeitern lassen sich mit Hilfe der Delphi-Methode z.B. Stückzahlen abschätzen.

Vergessen Sie aber nicht, dass dies eine Methode ist, die nur dann eingesetzt wird, wenn präzise Daten fehlen! Zu einem späteren Zeitpunkt des Projekts, wenn das Pflichtenheft abgeschlossen ist und die Ressourcen bekannt sind, sollten Sie z.B. die Kostenabschätzung präzisieren. Zum Abschluss des Projekts werden Sie sehen, ob die Delphi-Ergebnisse mit der realen Kalkulation übereinstimmen.

5.6 Morphologischer Kasten: Produkte verbessern

Der morphologische Kasten kann Ihnen helfen, ein vorhandenes Produkt technisch zu verbessern bzw. mit neuen Funktionen zu erweitern. In der nachfolgenden Abbildung sehen Sie das Beispiel einer Kaffeemaschine. Die Kaffeemaschine wird in der Matrix in ihre Funktionen und in denkbare technische Lösungen für diese Funktionen unterteilt.

Parameter (Funktionen)	1	2	3
Wasser kochen	Heizplatte (außen)	Heizspirale (innen)	Induktionserhitzung
Kaffee filtern	Filterpapier	**poröses Material**	Zentrifuge
Kaffee warmhalten	Wärmezufuhr	Isolierung	**Wärmehaube**
Kaffee ausschenken	Zweitbehälter zum Ausschenken	Pumpe zum Ausgeben	**Hahn zum Ausschenken**

Abb. 5.2 Morphologischer Kasten. Beispiel: Verbesserte Kaffeemaschine

Auf der Y-Achse sind bereits realisierte Funktionen der Kaffeemaschine aufgeführt, d.h. was soll diese Kaffeemaschine können, z.B. Kaffee kochen, Kaffee filtern, Kaffee warm halten, Kaffee ausschenken. Wenn Sie für diese Maschine den Funktionsumfang erweitern wollen, überlegen Sie sich zunächst, welche weiteren Funktionen diese Kaffeemaschine erfüllen könnte. Es geht um weitere, vielleicht auch ganz neue Funktionen, aber noch nicht um Ideen, wie sie zu realisieren sind. Um neuen Ideen zu generieren, nutzen Sie die vorher beschriebenen Kreativtechniken, z.B. 635-Methode, Brainstorming oder Metaplantechnik. Damit erweitern Sie die Matrix nach unten. Was könnte die Kaffeemaschine für weitere Funktionen übernehmen? Z.B. könnte die Kaffeemaschine fernsteuerbar sein, d.h. Sie sind unterwegs und Sie möchten auf der Heimfahrt den Kaffee vorbereiten lassen. Vielleicht erwarten Sie Gäste und deswegen ist es erforderlich, eine größere Menge Kaffee zuzubereiten. Die Funktion in diesem Fall heißt „fernsteuerbar".

Auf der horizontalen Achse tragen Sie auf, wie eine Funktion technisch gelöst wird oder lösbar wäre. Der Trick dabei ist, zunächst nach prinzipiellen

Lösungesalternativen zu suchen, die mit den eigentlichen Funktionen noch nichts zu tun haben. Um sich in der Vielfalt nicht einzuschränken, sammeln Sie alle Lösungsideen zu der betreffenden Funktion, die Ihnen einfallen. Wasser können Sie z.B. zum Kochen bringen, indem Sie von außen eine Heizplatte einsetzen, Sie können auch eine Spirale innen einbauen oder Sie erhitzen durch Induktion.

Für neue Funktionen gehen Sie genauso vor. Sie suchen nach Lösungsmöglichkeiten für die Funktionen Beispiel: Funktion „fernsteuerbar". Prinzipielle Lösungsmöglichkeiten: E-Mail, SMS-Signal senden, Anruf vom Mobil- oder Festnetz. Sie könnten anrufen und über Ihr Handy Ziffern eingeben und je nach Ziffer könnte diese Kaffeemaschine eine bestimmte Funktion aktivieren. Sammeln Sie die verschiedenen Funktionen und die dazugehörigen Lösungen in der Matrix.

Und nun kommt die interessanteste Chance: Kombinieren Sie neue Funktionen mit neuen Lösungen oder vorhandene Funktionen mit neuen Lösungen. So kommen Sie zu einer leicht veränderten oder völlig neuen Kaffeemaschine mit deutlichen Unterschieden zu existierenden Geräten. In unserem Beispiel liegt die Heizplatte außen, zum Filtern des Kaffees wird poröses Material verwendet, der Kaffee wird warm gehalten durch eine oben liegende Wärmehaube. Der Kaffee lässt sich mittels eines Hahns ausschenken. Und wenn Sie unterwegs sind, können Sie per Telefon die Kaffeemaschine bedienen.

6. Wie Sie schwierige Situationen im Projekt meistern

Haben Sie sich mal bewusst gemacht, woran die meisten Projekte scheitern? Sie erinnern sich, am Anfang dieses Buches wurde das gleiche Thema schon einmal angesprochen. Die meisten Projekte scheitern nicht an der Technik oder an mangelnden Tools und auch nicht daran, dass wesentliches Know-how fehlt. Wenn Projekte scheitern, scheitern sie meistens am Menschen, z. B. an Führungsschwäche, unzureichender Systematik, unklaren Vorgaben, mangelhafter Kommunikation, nicht abgestimmten Vorgehensweisen und Fehlentscheidungen Einzelner.

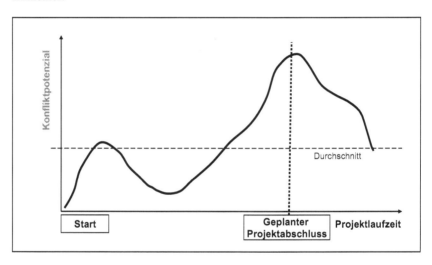

Abb.6.1 Konfliktpotenzial-Kurve: In welcher Phase besteht das größte Konfliktpotenzial? Beispiel eines „verspäteten" Projekts.

Jedes Projekt hat eine typische Konflikt-Potenzialkurve. Das obige Bild zeigt Ihnen beispielhaft einen solchen Verlauf. Zu Beginn des Projekts besteht die erste bedeutsame Konfliktgefahr. Es wird um erreichbare Vorgaben gerauft, z.B. realistische Terminvorgaben und Zielherstellkosten. Es werden konzeptionelle Fragen diskutiert und schließlich sollte das Pflichtenheft freigegeben werden. Sollte dieser Zielfindungsprozess in ein von allen Beteiligten akzeptierbares Pflichtenheft münden, hat das Team die erste Hürde übersprungen. Normalerweise verläuft nach Freigabe des Pflichtenhefts die Konflikt-Potenzialkurve auf einem eher flachen Niveau. Gegen Ende des Projekt stellt man fest, dass Ressourcenengpässe auftreten. Vielleicht wird das Projektteam auch durch unerwartete Schwierigkeiten überrascht. Auf jeden Fall wird der Druck weiter steigen. Manche Mitarbeiter haben zusätzliche Belastungen durch weitere Projekte übernommen. Trotzdem muss man das Projekt zum Abschluss bringen. Der Termindruck wird immer größer. Man stellt fest, man hat den Zeitbedarf für die aktuellen Aufgaben zu Beginn des Projekts unterschätzt. Damit steigt die Konflikt-Potenzialkurve zum Ende des Projektes weiter an.

Schauen Sie sich nun die Motivationskurve an, Sie werden genau das Komplementäre erkennen, nämlich: Zu Beginn des Projekts und nach abgeschlossener Zielfindung wird Begeisterung entfacht, auf jeden Fall wird die Motivation sehr groß sein. Mit dem Fortschreiten des Projekts wird die Motivation immer weiter absinken, um dann schließlich kurz vor dem Projektende auf ein Minimum zu fallen. Wenn Sie diese Entwicklung sich selbst überlassen, werden Sie am Ende des Projektes das gefährliche **Motivation-Konflikte-Gap** erleben: Die Motivation befindet sich am Boden, und die konfliktträchtigen Situationen erleben ihren Höhepunkt. Schwierige Situationen und Überraschungen führen zu einer Verschlechterung des Klimas und zu einer weiteren Verzögerung des Projekts. Das Fatale ist allerdings: Aus schwierigen Situationen können Konflikte entstehen, und schlimmer: Manche Probleme sind bereits in der Anfangsphase des Projekts aufgetreten. Sie wurden aber vor sich hin geschoben und von den Beteiligten nicht oder nur unbefriedigt gelöst.

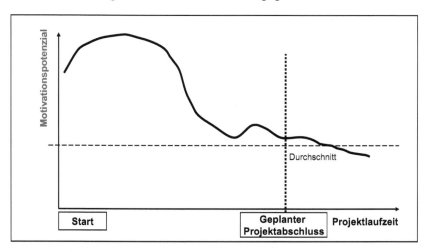

Abb.6.2 Motivationskurve: Die Motivation sinkt im Laufe der Projektarbeit ab. Ungelöste Konflikte bergen große Risiken.

Diese Fälle tragen ein besonders hohes Konfliktrisiko in sich, sie zerren an den Nerven der Teilnehmer und vergiften das Klima. Eine gefährliche Abwärtsspirale. Ein Konflikt ist ein Kampf gegensätzlicher oder konkurrierender Handlungstendenzen, mit anderen Worten ein brisantes Problem sachlicher oder zwischenmenschlicher Art, das das Erreichen des Projektziels bremst oder sogar unmöglich macht. Weitere Merkmale von Konflikten sind z.B. die Abhängigkeiten zwischen den Beteiligten, gegenseitige Zielbehinderung und vielleicht auch Schuldzuweisungen oder Angriffe auf Projektkollegen. Ungelöste Konflikte haben schwerwiegende Folgen. Was bringen die besten Mitarbeiter für das Projekt, wenn sie sich gegenseitig boykottieren. Ungelöste Probleme führen nicht nur zu unannehmbaren Situationen in der Projektarbeit, sondern sie infizieren andere. Sie führen zu schlechter Stimmung, Resignation, innerer Kündigung, Aggression bis zu gesundheitlichen Schäden wie Bluthochdruck oder Herzinfarkt.

> **Tipp:** Beachten Sie bei Projekten die Konfliktpotenzial- und Motivationskurve. Wo befindet sich Ihr Projekt zur Zeit?

Jeder Konflikt fängt klein an. Die Mücke wird zum Elefanten, der Funke zur Explosion.

Stoff für Konflikte sind in jeder Projektarbeit gegeben. Ganz typische Ursachen sind unklare Absprachen, persönliche Spannungen zwischen Projektmitarbeitern, aber auch Angst vor rechtzeitig klärenden Gesprächen, gegensätzliche Meinungen, die nicht sachlich diskutiert werden, und wie wir es gerade erläutert haben: Zum Ende des Projekts wächst durch zunehmenden äußeren Druck bei gleichzeitigem Mangel an Ressourcen das Konfliktpotenzial. Jeder Konflikt fängt klein an, die Mücke wird zum Elefanten und der Funke führt zur Explosion. Je früher Sie gegen Konflikte ansteuern, umso größer sind Ihre Chancen. Achten Sie frühzeitig auf Signale. Beachten Sie, dass Probleme, die zu Konflikten führen können, rechtzeitig angesprochen werden. Nutzen Sie auch das Vier-Augen-Gespräch mit Kollegen, um zwischenmenschliche Schwierigkeiten zu bereinigen.

Woran können Sie Konflikte rechtzeitig erkennen? Projektmitarbeiter werden ungeduldig. Einige ergreifen Partei und weigern sich beharrlich nachzugeben. Sie können sich mit anderen nicht einigen, greifen sich gegenseitig an, klagen sich gegenseitig an und verteilen Schuld. Sie geben sich gegenseitig die Schuld für das Nichterreichen bestimmter Ziele. Manche verdrehen Beiträge und bekämpfen Vorschläge anderer. Oder sie sprechen hintenherum abfällig über das Projekt und andere Projektmitarbeiter. Nehmen Sie diese Signale rechtzeitig wahr. Je früher Sie konfliktträchtige Situationen erkennen und offen damit umgehen und in den Griff bekommen, umso größer ist die Wahrscheinlichkeit, dass Ihr Projekt auch in der Abschlussphase reibungsfrei abläuft.

> **Tipp:** Sprechen Sie drohende Konflikte an und streben Sie frühzeitig eine Lösung an. Je früher, umso besser.

Eine typische Ursache, warum manche Projektteams in kritischen Situationen schnell in Streitereien gelangen, sind unterschiedliche Vorstellungen über die Art und Weise, wie man mit Spannungen umgeht.

Die nachfolgende Tabelle zeigt eine Reihe von Verhaltensmustern, die man nutzen kann, um schwierige Situationen in der Projektarbeit zu lösen. Vorsicht! Einige dieser Verhaltensmuster tragen zu einer dauerhaften Lösung bei, andere sollten Sie unbedingt vermeiden. In der rechten Spalte können Sie Ihre eigene Bewertung durchführen. Bewerten Sie die aufgeführten Verhaltens-muster. Wenn sie eher zu einer dauerhaften Lösung beitragen, vergeben Sie ein „+". Eine „0" bedeutet „manchmal" und „- " bedeutet, diese Verhaltensweise trägt auf keinen Fall zu einer dauerhaften Lösung bei. Das beste ist, Sie gehen mit Ihrem Projektteam gemeinsam diese Liste durch. Sollten Sie Interesse an einer Musterlösung des Autors haben, können Sie gerne diese Checkliste unter der E-Mail-Adresse kairies-beratung@t-online.de anfordern.

> **Tipp:** Sorgen Sie für ein gemeinsames Verständnis, wie Sie sich im Projektteam bei schwierigen Situationen bzw. im Konfliktfall verhalten wollen und wie nicht.

☑ **23. Check:** Wie zufrieden sind Sie mit dem Verhalten Ihrer Projektmitarbeiter in kritischen Situationen (Konfliktverhalten)?

Verhaltensmuster, um schwierige Situationen/Konflikte in der Projektarbeit zu lösen	Trägt eher zu einer dauerhaften Lösung bei: - (nein) 0 (manchmal) + (ja)	
	Meine Bewertung	Trainerbewertung
Laut schreien und beschimpfen		
Vom **anderen** Lösungen fordern		
Macht ausüben. Unterdrücken.		
Eigener Weg, ohne Rücksicht auf Verluste		
Nachgeben		
Flucht		
Mut zur Konfrontation		
Verständnis zeigen		
Verhandeln		
Kampf		
Niedermachen		
Drohen		
Konsequenzen für das Projekt aufzeigen		
Ursachen auf den Grund gehen		
Kooperieren statt überfahren		
Kompromiss (Win-Win-Situation)		
Diplomatie und Takt		
Das Problem mit den Augen des anderen sehen		
Gemeinsame Basis schaffen statt Niederbügeln		
Immer mit einem „Anschiss" beginnen		
Auf eigenem Standpunkt beharren, nie nachgeben		
Beim Chef anschwärzen		
Wahrnehmen, Austragen, Lösen, Nacharbeiten		

Abb.6.3 Tragen Sie Ihre Einschätzungen in die oben stehende Tabelle ein. Übereinstimmung bei der Bewertung durch Mitarbeiter Ihres Projektteams weisen auf gleiche Wertvorstellungen hin. Je mehr Übereinstimmungen vorhanden sind, umso schneller lassen sich Konflikte in der Projektarbeit lösen.

Frühzeitig vermeiden ist die beste Strategie

Und nun einige Tipps, was Sie als Projektleiter tun können, um konfliktträchtige Situationen rechtzeitig vermeiden bzw. in den Griff zu bekommen.

Schaffen Sie in Ihrem Projektteam ein Klima des Vertrauens. Unterstellen Sie Vertrauen, geben Sie Vertrauen, aber verzichten Sie nicht auf Nachhaken und Kontrolle. Ermöglichen Sie allen Teilnehmern ein regelmäßiges Feedback zum Ende jeder Projektsitzung. Führen Sie auf jeden Fall eine Feedback-Runde durch. „Was haben wir in dieser Sitzung gut gemacht, was machen wir beim nächsten Mal besser?"

Beziehen Sie persönliche Aspekte der Zusammenarbeit ein. Wenn es um klärende Gespräche mit Mitarbeitern geht, dann versetzen Sie sich in die Lage des anderen, sehen Sie die Welt mit seinen Augen. Halten Sie Ihre Mitarbeiter im Projektteam auf einem möglichst hohen Informationsstand über projektbezogene Vorgänge und Entscheidungen. Treffen Sie Entscheidungen nicht alleine, sondern stimmen Sie sich mit Ihrem Team ab. Geben Sie Ihrem Team das Gefühl, gemeinsam in einem Boot zu sitzen und gemeinsam Verantwortung zu tragen. Sorgen Sie auch dafür, dass jeder Mitarbeiter die Projektziele wirklich versteht. Wenn es um Entscheidungen geht, geht es nicht nur um sachliche und informelle Weichenstellungen, sondern es geht auch darum, dass Ihr Team die Entscheidungen mitträgt. Bedenken Sie aber bei allen Punkten: Sie können es nicht jedem Beteiligten recht machen.

Schaffen Sie von Anfang an Klarheit darüber, welche Aufgaben und Verantwortlichkeiten jeder Einzelne hat. Sprechen Sie offen und klar aus, welche Erwartungen Sie haben, welche Leistungen Sie erwarten. Entwickeln Sie aber auch eine Antenne für Projektmitarbeiter, die unter Druck leiden. Es gibt genügend Kollegen, die sich zu lange zu viel gefallen lassen. Die beste Lösung ist immer die dauerhafte Lösung. Vereinbaren Sie Regeln für Ihre Projektarbeit und fordern Sie die Einhaltung der Regeln unermüdlich ein. Ergreifen Sie Initiative, wenn Sie konfliktträchtige Situationen erkennen. Sprechen Sie offen und diplomatisch aus, was Sie zukünftig anders erwarten. Halten Sie Frust und Aggression unter Kontrolle, bleiben Sie sachlich. Scheuen Sie trotzdem nicht, zu sagen, was Sie stört. Sagen Sie auch NEIN. Behalten Sie aber bei allen Aktivitäten eines in Ihrem Kopf: **Diplomatie** und **Takt**. Bremsen Sie den „Neandertaler".

1. **Leichte Verstimmung** *(Der nervt mich mit ...)*
2. Kleine **Wortgefechte**
3. **Schweigen** und aus dem Wege gehen
4. Suche nach **Gleichgesinnten** *(Da machen wir nicht mit... Das sehen wir ganz anders)*
5. **Angriffe von hinten** und auf das Hinterland *(Kleine Intrigen schmieden. Nicht informieren...Schlecht machen)*
6. Entwickeln von **Planspielen** *(Anschwärzen beim Chef...Auflaufen lassen, mal einen "reinwürgen", wenn ich kündige.. dann..)*
7. **Drohende Winke** mit Zaunpfählen *(Offene Drohungen...)*
8. **Gefühlsausbrüche** *(Persönlich gemeinte Angriffe..... Üble Beschimpfungen... Blinde Wut.. Totale Resignation)*
9. **Krieg um Sieg** *(Offen oder versteckt. Böse Intrigen...Über Leichen gehen)*
10. **Vernichtungsfeldzug** *(Hass. Den mache ich fertig. Für immer)*

Abb. 6.4 Konfliktbarometer. Eskalationsstufe 1: Schweigen. Eskalationsstufe 2: Drohungen. Eskalationsstufe 3: Krieg um Sieg.

Machen Sie allen Beteiligten klar: **Die Bereitschaft, mit anderen zusammenzuarbeiten, ist eine wesentliche Voraussetzung für eine konstruktive Konfliktbewältigung**. Bei einem Projekt können Sie sich immer auf eines verlassen: Es wird Störungen geben. Es wird konfliktträchtige Situationen geben. Freuen Sie sich darauf. Es ist eine Herausforderung, mit Schwierigkeiten konfrontiert zu werden. Und es ist ein besonderes Erfolgserlebnis, schwierige Situationen zur Zufriedenheit aller Beteiligten gelöst zu haben. Erwarten Sie kein Projekt, das geradeaus und ohne Hindernisse zum Erfolg zu bringen ist. Jedes Projekt hat Schwierigkeiten. Halten Sie durch und nutzen Sie die Chance, Erfolgserlebnisse zu sammeln. Jede zwischenmenschliche Schwierigkeit, die Sie überwinden, macht Sie stärker und fähiger, größere und schwierigere Projekte zum Erfolg zu bringen. Gerade diese Fähigkeit, Menschen zusammenzuführen, sie nach vorne zu treiben und unter schwierigen Bedingungen, z.B. Zeit- und Kostendruck, zum Erfolg zu führen, ist eine Schlüsselkompetenz. Diese Schlüsselkompetenz wird zukünftig noch wichtiger werden. Fachwissen lässt sich in vielen Fällen durch intelligente Tools abdecken, soziale Kompetenz nicht. Emotionale Intelligenz und Führungsstärke sind Eigenschaften, die Sie als Projektleiter besonders auszeichnen.

7. Schließen Sie Ihr Projekt offiziell ab

Vielleicht haben Sie mit dem Abschluss Ihres Projekts wirklich ein großes Erfolgserlebnis gewonnen. Ein Tipp: Damit Sie selber von diesem Erfolgserlebnis partizipieren, halten Sie sich die wichtigsten Punkte Ihres Projekts fest. Was haben Sie in diesem Projekt besonders gut gemacht, was würden Sie beim nächsten Projekt anders machen. Wann ist Ihnen eine Projektsitzung besonders gut gelungen und worauf wollen Sie künftig stärker achten? Sammeln Sie diesen Projekterfolg als ein persönliches Referenzerlebnis, und freuen Sie sich gemeinsam mit Ihrem Team, dieses Projekt zum Erfolg gebracht zu haben.

Zum Projektabschluss ist es sinnvoll, einen kurzen Projekt-Abschlussbericht zu erstellen. Dieser Abschlussbericht sollte die wesentlichen Fakten enthalten, z.B. Kostenvergleich, die Ergebnisse, die erzielt wurden, usw. Erlauben Sie sich aber auch den Luxus, Erfahrungen dieser Teamarbeit zu sichern. Ich mache es meistens so, dass ich zum Abschluss gemeinsam mit dem Team in Metaplantechnik die positiven und negativen Aspekte festhalte. Geben Sie sich in dieser Runde gegenseitig ein Feedback. 2-3 Stunden reichen bei mittelgroßen Projekten in der Regel aus. Sie sichern sich damit in der Zukunft ein motiviertes Team. Vervollständigen Sie die Dokumente, archivieren Sie die Unterlagen und protokollieren Sie noch offene Punkte. Und lassen Sie sich vom Auftraggeber, ggf. schriftlich, entlasten.

8. Die Regeln der erfolgreichen Projektleiter

Ich möchte Ihnen nachfolgend eine kurze Zusammenfassung der wichtigsten Regeln geben, um Projekte noch souveräner zum Erfolg zu führen. Ein erfolgreiches Projekt beginnt immer mit dem festen **Entschluss**: Ich will das Projekt zum Erfolg bringen. Treffen Sie eine feste Entscheidung und stehen Sie dazu. Sollte es Ihnen nicht gelingen, klären Sie mit Ihrem Auftraggeber Ihre Bedenken ab. Starten Sie Ihr Projekt auf jeden Fall offiziell mit dem **Kick-off-Meeting** und bedenken Sie auch, welche Teilnehmer Sie einladen, nicht nur diejenigen, die mitarbeiten müssen, auch solche, deren Meinung wichtig ist und die einen Einfluss auf den Erfolg Ihres Projekts haben.

In Ihren Projektsitzungen sollten Sie immer wieder versuchen, die Projektmitarbeiter „einzuschwören". Treffen Sie Abmachungen und fordern Sie die Einhaltung ein. Bringen Sie **gute Stimmung** ins Team, versuchen Sie das Gefühl der Gemeinsamkeit und des gemeinsamen Erfolgs zu vermitteln. Wir sitzen in einem Boot. „We are the winning team".

Bei der Zusammenstellung Ihres Projektteams haben Sie selten die Wahl. Wenn Sie doch wählen können, schauen Sie nicht nur auf die fachliche Qualifikation, sondern auch auf die **Teamfähigkeit**. Mitarbeiter, die gut und reibungslos zusammenarbeiten können, kommen schneller zu besseren Ergebnissen als hoch qualifizierte Mitarbeiter, die sich gegenseitig boykottieren.

Fördern Sie **Teambildung** und **Teamidentifikation** durch gemeinsame Aktivitäten und wenn es nur Kleinigkeiten sind, gemeinsames Essen, einige Minuten Gymnastik usw. Teamidentifikation fördern Sie durch Erfolgserlebnisse, z.B. erreichte Meilensteine, besondere Schwierigkeiten, die überwunden wurden, usw. Sprechen Sie **Regeln der Zusammenarbeit** an, legen Sie Regeln fest und fordern die das Einhalten der Regeln ein. Der beste Zeitpunkt, Regeln anzusprechen ist immer dann, wenn etwas passiert ist. Sie kennen das aus der Politik. Das gleiche gilt auch in der Projektarbeit.

Ein Beispiel: Ein Projektmitarbeiter kommt verspätet in die Sitzung. Jetzt ist der richtige Zeitpunkt, über Pünktlichkeit zu reden, Erwartungen und Regeln anzusprechen und das zukünftige Verhalten abzustimmen.

Treffen Sie **Entscheidungen** und vertreten Sie diese Entscheidungen konsequent. Sollten es Fehltritte sein, versuchen Sie nichts zu vertuschen, sondern decken Sie Fehlentscheidungen unverzüglich auf. Sorgen Sie für Abhilfe.

Machen Sie die **Wichtigkeit des Projekts** immer wieder deutlich. Nur so erreichen Sie einen **hohen Motivationsstand**. Niemand im Projektteam hat Spaß daran, an einem unwichtigen Projekt zu arbeiten.

Stellen Sie den **Ressourcenbedarf** frühzeitig klar. Vereinbaren Sie die Bereitstellung, fordern Sie konsequent die notwendigen Ressourcen ein. Erwarten Sie **Flexibilität** von anderen, denn niemand kann über Monate oder Jahre im voraus präzise sagen, wann welche Ressourcen wirklich nötig sind.

Nutzen Sie **Methodiken**, hilfreiche **Tools** und **Checklisten**, aber orientieren Sie den Aufwand immer an der Größe des Projekts. Kleine Projekte werden hemdsärmliger durchgezogen als mittlere Projekte, und große Projekte erfordern eine sehr umfangreiche Systematik. Nutzen Sie Hilfsmittel, ohne dabei jedoch Organisationshürden oder sturen Formalismus zu forcieren. Tools, die Sie verwenden, sollten einfach und sie sollten von allen nutzbar sein. Stellen Sie immer wieder Flexibilität sicher. Fordern Sie Flexibilität. Die beste **Planung** funktioniert nur mit Flexibilität. Vermeiden Sie aber heilloses Chaos. Prüfen Sie kritisch den Detaillierungsgrad von Diskussionen und Abklärungen im Projektteam. Vermeiden Sie Erbsenzählen. Nutzen Sie die **Erfahrung anderer Projektmitarbeiter** und Projektleiter.

Jedes Projekt benötigt einen **Projektplan**. Selbst für kleine Projekte sollte ein schriftlicher Projektplan existieren und wenn er nur aus vier Meilensteinen besteht. Fixieren Sie Etappenziele und Meilensteine eindeutig. Stimmen Sie Ziele und den Projektplan gemeinsam ab. Nageln Sie Projektmitarbeiter fest. Nutzen Sie dazu die **Aufgabenliste**. Die Aufgabenliste ist ein separates Dokument. Hier erfassen Sie alle Aufgaben, die im Laufe eines Projekts umgesetzt werden müssen. Achten Sie auch darauf, dass die Aufgabenliste nicht mit unnötigen Aufgaben gefüllt wird. Sehr häufig werden Aufgaben festgehalten, die man auch noch tun könnte, aber keinen Beitrag zum Projekterfolg bringen. Reduzieren Sie die Aufgabenliste auf **Muss-Tätigkeiten**.

Seien Sie konsequent bei nichterledigten Aufgaben. Hinterfragen Sie die Gründe, und machen Sie Wichtigkeit und **Konsequenzen für das Projekt** deutlich. Scheuen Sie sich nicht davor, Gegenmaßnahmen und die weitere Vorgehensweisen **schriftlich** festzuhalten.

Schaffen Sie auf dem Wege zum Projektziel **Transparenz** und **Überblick**: Projektplan, **Projektmeetings, MBWA, MBCA, Protokolle** usw. Auch im kleinen Team helfen Ihnen Überblick und Transparenz. Besprechungen sollten Sie immer protokollieren. Nutzen Sie **Online-Protokolle** (Sitzung zu Ende, Protokoll fertig).

Halten Sie vereinbarte Absprachen und Regeln durch. Machen Sie **Risiken** und Konsequenzen, die Sie erkennen, deutlich. Glauben Sie aber nicht, dass Ihre Pläne, Schritte und Meilensteine, die Sie vereinbart haben, von jedem minuziös abgewickelt werden. Aktualisieren Sie die Planung und denken Sie daran, jeder Plan ist nur so gut wie seine **Pufferzeiten**. Planen Sie immer Pufferzeiten ein und zeigen Sie selber Flexibilität.

Besprechen Sie, was Ihr **Projektordner** enthalten soll, welche **Dokumente** und **Reports** erforderlich sind, wer darauf Zugriff hat, auf welchem Server Ihr Projektordner installiert ist. Halten Sie **regelmäßige Meetings**, lassen Sie den roten Faden niemals abreißen. Vermeiden Sie Zeitfresser, unklare Projektziele, Over-Engineering, Perfektionismus, 100%-Denken, Im-Detail-Verlieren, nachgeschobene Änderungen, Wechsel von Schlüsselpersonen, Entscheidungen, die verschleppt werden, fehlende Prioritäten und zu geringe Disziplin im Einhalten von Terminen und Abwickeln von Aufgaben.

Fordern Sie Vereinbarungen nachhaltig ein, und achten Sie auf eine digitale Sprache. Eine Aufgabe kann erledigt sein: Ja oder nein? „Fast fertig", bedeutet „nicht fertig". Man kann schwanger sein oder nicht, halb schwanger gibt es nicht. Und so sollten Sie auch „fast fertig" als nicht erledigt betrachten.

Jedes Projekt wird zwischenmenschliche **Herausforderungen** bringen. Halten Sie bei Durststrecken und zwischenmenschlichen Schwierigkeiten durch. Betrachten Sie diese Schwierigkeiten als eine besondere Chance zu wachsen und als Projektleiter stärker und professioneller zu werden. Das hebt Ihren Marktwert.

Schließen Sie Ihr Projekt offiziell ab. Führen Sie das **Abschlussmeeting** durch, und vergessen Sie auch nicht, sich bei allen Beteiligten für ihr Engagement und ihre Mitarbeit zu **bedanken**. Stellen Sie Erfolge heraus und **feiern** Sie angemessen.

8.1 Erfolg motiviert! Zehn persönliche Tipps

1. Der erfolgreiche Projektleiter hat klare, motivierende Projektziele. Er erkennt, dass er selber maßgeblich für die Realisierung dieser Ziele verantwortlich ist.

2. Der erfolgreiche Projektleiter ist gerne Projektleiter. Was Freude macht fällt leichter und wird besser.

3. Der erfolgreiche Projektleiter gibt immer sein Bestes. Also, keine halben Sachen mehr.

4. Der erfolgreiche Projektleiter ist offen und pflegt nützliche Kontakte. Bauen Sie sich ein hilfreiches Netzwerk auf. Vitamin B: Beziehungen.

5. Der erfolgreiche Projektleiter ist Realist. Probleme wird es immer geben. Sehen Sie Probleme als Herausforderung.

6. Der erfolgreiche Projektleiter trifft Entscheidungen. Treffen Sie den festen Entschluss, Ihr Projekt zum Erfolg zu bringen.

7. Der erfolgreiche Projektleiter behält sein Ziel immer im Auge.

8. Der erfolgreiche Projektleiter verlässt sich bei Entscheidungen auf sein eigenes Urteilsvermögen, aber zuvor sammelt er solide Informationen.

9. Der erfolgreiche Projektleiter verbessert ständig seine Fähigkeiten und ist flexibel bei Veränderungen.

10. Der erfolgreiche Projektleiter handelt eigenverantwortlich und unternehmerisch. Er ist motiviert und aktiv. „Unternehmer nicht Unterlasser". Er ist Vorbild für sein Projektteam.

9. Gesammelte Tipps

1. Bringen Sie Ihr Projekt auf Erfolgskurs, indem die praktischen Tipps konsequent anwenden.

2. Unterteilen Sie die Produkt-Definitionsphase in die Anforderungsprofil- und Pflichtenheft-Phase.

3. Klare Vereinbarungen, gute Abstimmung !!

4. Halten Sie guten Kontakt zum Auftraggeber und zum Projektlenkungsausschuss.

5. Besprechen Sie mit Ihrem Projektteam regelmäßig den Status Ihres Projekts anhand des Masterplans. Aktualisieren Sie den Plan.

6. Suchen Sie nicht nach Schuldigen, sondern nach Ursachen. Fokussieren Sie Ihre Bemühungen auf die Lösung.

7. Nutzen Sie intensiv verschiedene Medien, um sich und Beteiligte auf dem laufenden zu halten.

8. Führen Sie möglichst frühzeitig eine Risikoanalyse durch: Angemessen für die Projektgröße, einfach und pragmatisch.

9. Führen Sie Risikoanalysen immer im interdisziplinären Team durch. Vermeiden Sie unnötige Diskussionen.

10. Machen Sie sich bewusst: Sie sind als Projektleiter Führungskraft. Wenden Sie die „5F-Regel" aktiv an.

11. Vermeiden Sie ein zu starkes Harmoniebedürfnis. Haben Sie den Mut, nachzufassen und unangenehme Fragen zu stellen.

12. Seien Sie unbequem, aber immer taktvoll.

13. Setzen Sie sich in der Sache beharrlich durch. Versuchen Sie, Akzeptanz für Ihre Forderungen zu bewirken. Streben Sie immer danach, den Menschen emotional für sich und die Sache zu gewinnen.

14. Machen Sie „Es geht" zu Ihrem Motto.

15. Erstellen Sie Ihr Projektleiter-Profil. Nutzen Sie jede Gelegenheit, sich zu verbessern.

16. Machen Sie sich bewusst: Jeder ist in der Lage, seine Führungsfähigkeiten enorm zu steigern. Üben, üben, üben !!

17. Bringen Sie Ihr Projekt voran, indem Sie engagiert handeln und andere dazu motivieren, das gleiche zu tun.

18. Trainieren Sie, Entscheidungen zu treffen. Je öfter Sie Entscheidungen treffen, bzw. herbeiführen, umso besser werden Ihre Entscheidungen.

19. Führen Sie ein Erfolgstagebuch Ihrer Referenzerlebnisse.

20. Führen Sie aktiv! Sorgen Sie für gute Information.

21. Kein Projekt ohne Pufferzeiten ! Planen Sie immer Eventualitäten ein.

22. Gehen Sie mit der Zeit so bewusst um wie mit Geld.

23. Mach's gleich richtig"!

24. Appellieren Sie an die Eigenverantwortlichkeit und motivieren Sie Ihr Team zu engagiertem Handeln.

25. Sitzung zu Ende – Protokoll fertig !! Nutzen Sie Online-Protokolle.

26. Nutzen Sie die Aufgabenliste als Führungsinstrument.

27. Erkennen Sie als Projektleiter, was Ihnen Spaß und Freude an der Projektarbeit macht (=motiviert) und erkennen Sie, was Ihnen keinen Spaß macht.

28. Üben Sie sanften Druck aus, ohne ein schlechtes Gewissen zu haben. Setzen Sie dieses Mittel wohl überlegt und gezielt ein.

29. Beachten Sie bei Projekten die Konfliktpotenzial- und Motivationskurve. Wo befindet sich Ihr Projekt zur Zeit?

30. Sprechen Sie drohende Konflikte an und streben Sie frühzeitig eine Lösung an. Je früher, umso besser.

31. Sorgen Sie für ein gemeinsames Verständnis, wie Sie sich im Projektteam bei schwierigen Situationen bzw. im Konfliktfall verhalten wollen und wie nicht.

10. Gesammelte Checks

☑ **1. Check:** Sie finden zu jedem Abschnitt dieses Buches eine oder mehrere Checks. Sollten Sie z. Zt. ein Projekt leiten, helfen Ihnen diese Checks festzustellen, wie die Erfolgsaussichten Ihres Projektes sind und was Sie verbessern sollten. Im Anhang dieses Buches finden Sie diese Checks noch einmal kompakt zusammengefasst.

☑ **2. Check:** Haben Sie den festen Entschluss gefasst: „Ich will das Projekt zum Erfolg bringen"?

☑ **3. Check:** Wie zufrieden sind Sie mit der Kommunikation des Projektnutzens? Bitte beschreiben Sie kurz den besonderen Nutzen Ihres Projekts. Warum ist dieses Projekt so wichtig? Warum ist es für die Projektmitarbeiter so wichtig?

☑ **4. Check:** Haben Sie alle relevanten Rahmenbedingungen geklärt und mit allen Beteiligten abgestimmt?

☑ **5. Check:** Wie zufrieden sind Sie mit der Qualität des Anforderungsprofils?

☑ **6. Check:** Wie zufrieden sind Sie mit der Qualität des Pflichtenhefts?

☑ **7. Check:** Hat Ihr neues Produkt mindestens einen gut kommunizierbaren USP?

☑ **8. Check:** Wie zufrieden sind Sie mit der Zusammenstellung Ihres Teams? Wie eindeutig haben Sie Aufgaben und Verantwortlichkeiten den Projektmitarbeitern zugeordnet?

☑ **9. Check:** Haben Sie einen Projektplan erarbeitet? Wie zufrieden sind Sie mit der Qualität und der Abstimmung dieses Projektplans?

☑ **10. Check:** Wie zufrieden sind Sie mit der Kommunikation und dem Informationsstand innerhalb Ihres Projektteams?

☑ **11. Check:** Wie zufrieden sind Sie mit dem Reporting und der Dokumentation für Ihr Projekt?

☑ **12. Check:** Haben Sie den Targetpreis bzw. die Zielherstellkosten sowie Zielprojektkosten festgelegt?

☑ **13. Check:** Wie zufrieden sind Sie mit der Wirtschaftlichkeit (z.B. Pay-off-Zeit) Ihres Projekts?

☑ **14. Check:** Haben Sie eine der Projektgröße angemessene Risikoanalyse durchgeführt?

☑ **15. Check:** Verstehen Sie sich in Ihrem Projekt als Führungskraft?

☑ **16. Check:** Wie zufrieden sind Sie mit Ihrem Durchsetzungsvermögen (Win-Win-Stil)?

☑ **17. Check:** Wie zufrieden sind Sie mit der Vorbereitung von Projektmeetings?

☑ **18. Check:** Wie zufrieden sind Sie mit der Moderation und Effizienz der Projektmeetings?

☑ **19. Check:** Wie zufrieden sind Sie mit der Disziplin und Umsetzung der besprochenen Aufgaben?

☑ **20. Check:** Verfassen Sie in Ihren Projektmeetings Online-Protokolle? Wie zufrieden sind Sie mit der Übersichtlichkeit und Verständlichkeit?

☑ **21. Check:** Führen Sie konsequent eine Aufgabenliste? Kontrollieren Sie die Erledigung der Aufgaben?

☑ **22. Check:** Wie souverän und effizient moderieren Sie die Projektmeetings?

☑ **23. Check:** Wie zufrieden sind Sie mit dem Verhalten Ihrer Projektmitarbeiter in kritischen Situationen (Konfliktverhalten)?

Checks (Erfolgsfaktoren)	-3	-2	-1	0	+1	+2	+3
1. Entschluss							
2. Kommunikation des Projektnutzens							
3. Rahmenbedingungen							
4. Qualität des Anforderungsprofils							
5. Qualität des Pflichtenhefts							
6. Kommunizierbarer USP							
7. Zusammenstellung des Teams							
8. Verantwortlichkeiten							
9. Projektplan							
10. Kommunikation							
11. Reporting, Dokumentation							
12. Targetpreis, Zielhst.- und –Pj.kosten							
13. Wirtschaftlichkeit							
14. Risikoanalyse							
15. Führungskraft							
16. Durchsetzungsvermögen							
17. Vorbereitung der Projektmeetings							
18. Effizienz von Projektmeetings							
19. Disziplin und Umsetzung							
20. Online-Protokolle							
21. Aufgabenliste							
22. Moderation							
23. Konfliktverhalten							

Abb. 10.1 Bewerten Sie Ihr Projekt anhand der Erfolgsfaktoren. Was funktioniert gut? Was ist zu verbessern? Wie zufrieden sind Sie mit dem Erfüllungsgrad der einzelnen Checks? (Die laufenden Nummern beziehen sich auf die Checks S. 141 und 142)

11. Motivations-Toolbox

Motivator	-3	-2	-1	0	+1	+2	+3
Kontakt haben. Spaß an Teamarbeit							
Persönliches Netzwerk erweitern							
Hilfe geben							
Qualifikation verbessern							
Informiert sein							
Macht und Einfluss gewinnen							
Finanzielle Vorteile gewinnen							
Aufrichtige Anerkennung bekommen							
Bedeutend sein							
Persönlich entfalten können							
Sich sicher fühlen							
Erfolgserlebnisse beflügeln							
Motivation durch sanften Druck							
Erwartungen klar aussprechen							
Warnen vor Misserfolg							
Festnageln							
Dringlichkeit herausstellen							
Verantwortung für das Ergebnis							
Autoritätspersonen nutzen							

Abb. 11.1 Motivations-Toolbox. Wie gut bzw. intensiv nutzen Sie o.g. Motivatoren? Bitte bewerten Sie sich selbst (Erläuterungen zu den einzelnen Motivatoren finden Sie auf den Seiten 110-117).

12. Weiterführende Literatur

Burghardt, Manfred: Einführung in das Projektmanagement, Publicis MCD 2002

Dörfel, Hans-Jürgen: Projektmanagement. Aufträge erfolgreich und effizient abwickeln, Expert, 2002

Hertweck, Dieter: Escalating Commitment als Ursache gescheiterter DV-Projekte, Dt. Universitätsverlag 2003

Haberleitner, Elisabeth: Führen, Fördern, Coachen, Piper 2003

Hindel, Bernd: Basiswissen Software-Projektmanagement, Dpunkt 2004

Kairies, Peter: Professionelles Produkt Management für die Investitionsgüterindustrie, Expert, 2004

Kairies, Peter: So setzen Sie Ihren Außendienst optimal ein, Expert, 2003

Kairies, Peter: Direktmarketing für technische Produkte und Dienstleistungen, Expert, 1999

Kairies, Peter: Moderne Führungsmethoden für Projektleiter, Expert, 2004

Kairies, Peter: So analysieren Sie Ihre Konkurrenz, Expert 2004

Kellner. Hedwig: Kreativität im Projekt, Hanser Fachbuch 2002

Kraus, Georg: Führen in Krisenzeiten, Gabler 2004

Krüger, Andreas: Projektmanagement als kundenorientierte Führungskonzeption, Schäffer 1999

Praxishandbuch "Projektmanagement", WEKA-Verlag, 1999

Preißner, Andreas: Projektmanagement mit externen Mitarbeitern, Hanser Fachbuch 2004

Scheuring, Heinz: Der www-Schlüssel zum Projektmanagement, Orell Füssli, 2004

Stichwortverzeichnis

635-Methode 122
Ablehnung 95
Abschlussbericht 134
Abschlussmeeting 36, 137
Abstimmung 34, 84
Abstimmungsaufwand 9, 43
Abteilungen 20, 86, 94
Added Value 47
Agenda 99, 100, 102
Agendapunkte 96
Akzeptanz 69
Alleinstellungsmerkmal 17
Ampel-Prinzip 56
Analytiker 94
Andersartigkeit 96
Änderungsaufwendungen 42
Änderungsschleifen 43
Anerkennung 80, 113
Anforderungen 45, 47, 50
Anforderungsprofil 9, 10, 12, 13, 14, 15, 18, 50, 51, 71
Anlagendokumentation 40
Annahmen 27, 88
Anschluss 111
Ansprechpartner 23
Anweisungen 68
Arbeitsblöcke 106
Arbeitsunterlagen 40
Argumentation 17
Assoziationsmöglichkeiten 122
Aufbau-Organisation 18
Aufgaben 21, 22, 79, 80, 83, 102, 106, 132
Aufgabenblöcken 30
Aufgabenklärung 89
Aufgabenliste 41, 56, 62, 79, 80, 101, 102, 103, 104, 105, 106, 136
Aufgabenstellung 119
Auftraggeber 10, 24, 83, 84

Aufwand 42
Aufwärmphase 121
Ausdauer 81, 82
Ausprägungen 94
Auswertung 122
Automobilindustrie 90
autoritär 68
autoritäres Führungsverhalten 68
autoritäres Verhalten 68, 69
Autoritätspersonen 117

Balkendiagramm 30
Beamer 89, 90, 101
Bedeutung 48, 117
Bedürfnis-Polarogramm 64
Bedürfnisse 109, 110
Befugnisse 84
Begabung 72, 93
Beginn 99
Begründung 9
Berichte 41
Besprechungen 136
Besprechungsdokumentation 90
Besprechungspunkte 97
Besprechungsziele 96
Best-case-Betrachtungen 18, 52
Bewertung 49
Bewertungsmaßstab 85
Beziehungen 5
Beziehungsebene 101, 103
Black Box 86
Brainstorming 120, 121
Break-even 53
Businessplan 12, 13
Business-Plan 17

Charaktere 94, 95
Chef 22
CNB-Methode 123

Collective Notebook 123
CPM 32

Deckblatt 104
Deckungsbeitrag 46
Definitionen 51
Definitionsphase 43, 50
Delegieren 65, 72, 81, 82
Delphi-Methode 124
Denken 93
Detailanlagen 104
Details 99
Dienstleister 20, 23, 25
Dienstleistungen 51
Diskussionen 101
Disziplin 62, 80, 82
Dokumentation 41
Dokumente 37, 136
Dringlichkeit 51, 117
Druck 80, 89, 116, 117, 122
Druckmittel 116
Durchführungsphase 83
Durchsetzen 69

Effizienz 89
Eigenverantwortlichkeit 98
Einfluss 113
Einzelvorgänge 30
E-Mail 102
emotionale Intelligenz 133
emotionalen Ebene 69
Emotionen 66, 109
Engagement 25, 80
Engpässe 33
Entscheidungen 7, 8, 43, 55, 75, 76, 79, 80, 82, 87, 92, 101, 109, 132, 135
Entscheidungsfreudigkeit 76
Entscheidungsgrundlagen 49
Entscheidungshilfen 54
Entscheidungsvorlagen 13
Entschlossenheit 75

Entschluss 6, 8, 134
Entwickler 65
Entwicklungsleiter 84
Entwicklungsprojekte 54
Entwicklungsvorhaben 50, 51
Erfahrungen 76, 134
Erfahrungssicherung 36
Erfolg 98, 115, 138
Erfolg neuer Produkte 51
Erfolgreiche Produkte 43
Erfolgsanalysen 91
Erfolgsaussichten 7
Erfolgserlebnisse 76, 77, 115, 134, 135
Erfolgsfaktoren 6, 76, 79
Erfolgskriterien 51
Erfolgstagebuch 77
Erfolgsursachen 6
Erfolgswahrscheinlichkeit 53
Ergebnisse 104
Erkenntnisse 36
Erwartungen 79, 116
erweitertes Team 20, 90, 98
Excel 104
Experten 85, 98
Expertenmeeting 36
Expertenrunde 124
Expertenwissen 86, 87

Fachabteilung 83, 98
Fachbereiche 20, 86
Fachkraft 59, 79
Fachwissen 59, 91
Fähigkeiten 72
Faktor „Mensch" 76
Feedback 61, 62, 70, 80, 82, 101, 107
Feedback-Runde 62
Fehler bei der Projektabwicklung 4
Fehlschläge 82
Festnageln 62
Finanzieller Vorteil 113

Fixkosten 52
Flexibilität 135, 136
Flipchart 101
Folgeaufträge 84
Fordern 61, 79, 82, 137
Fördern 61
Formalitäten 98
formelle Autorität 60
Formulieren 104, 105
Forum 123
Fragen 108
Fragetechniken 107
Freiraum 114
Führen 59, 60, 61, 68, 113
Führen von Teams 85
Führung 107
Führungsaufgabe 60, 61, 78, 86
Führungsfähigkeiten 70, 72, 92
Führungsinstrument 105
Führungskraft 18, 59, 60, 62, 79, 97
Führungskraft auf Zeit 60
Führungsschwäche 65, 91, 127
Führungsstärke 133
Führungsstil 66, 68
Führungstools 62
Führungsverhalten 66, 68, 72, 73, 74, 114
Fun-Faktor 96
Funktionen 45, 48, 51, 125, 126
Funktionsanalyse 47
Funktionskosten 48

Gantt-Diagramm 30, 31, 54, 56
Gantt-Technik 31
Gefühle 95, 110
Gehirn 92, 95
Gehirnmodell 92, 93
geistige Mauern 86
Gesamtergebnis 53
Gesamtlaufzeit 32
Gesamtverantwortung 21
Gesamtziel 84

Gewinner 68, 69
Gewissheit 70
Globalisierung 95
Grob-Terminplan 56
Grobziele 10
Großhirn 92
Grundsatz 83

Handeln 98
Harmonie 65
Harmoniebedürfnis 64, 65, 72
Harmoniestreben 64
Häufigkeit 48
Hauptfunktionen 51
Herausforderung 81
Herrmann-Dominanz-Modell 93
Herstellkosten-Abschätzung 45
High-Tech-Produkte 46, 47
Hilfe 111
Höchstleistungen 116

Idealbild 95
Ideen 119, 121, 123
Ideenbewertung 119
Ideenbrett 123
Ideenfindung 119
Information 79, 82, 140
Informationsfluss 35, 36
Informationsstand 37
INNOplan 31, 49, 51, 89
Innovationen 11
Innovationsportfolio 12, 54, 55
Instanz 86, 87
Integrationsprozess 86
interdisziplinären Team 15, 86

Kalkulationsunterlagen 40
Kaufentscheidungen 66
Kernteam 20, 22, 25, 90, 98, 99
Kettenreaktion 75
Kick-off-Meeting 9, 14, 25, 26, 73, 134

Know-how 51
Kollegen 95
Kommunikation 35, 36, 37, 84, 88, 112
Kommunikationsmodell 66, 109
Kompetenzen 21, 86, 87, 94
Komplexitätsgrad 85
Konfliktbarometer 133
Konfliktbereitschaft 64, 65
Konfliktbewältigung 133
Konflikte 128, 129
Konfliktpotenzial 129
Konfliktpotenzialkurve 127
Konfliktsituationen 64
konfliktträchtige Situationen 132
Konsequenzen 116
Konstrukteure 65
Kontrahenten 97
Kontrollieren 80, 102
Konzeptphase 42, 89
Koordinationsprozess 86
Koordinator 86
Koordinieren 79, 82
Kosten 16, 42, 56
Kostendruck 2
Kosteneinflusspotenzial 42
Kostentreiber 48
kreativ 94
Kreativität 119
Kreativmethoden 119
Kreativphase 119, 121
Kreativtechnik 119
Kritik 67
kritische Pfad 32, 33
Kunden 17, 48, 89, 101
Kundenanforderungen 51
Kundenbedürfnisse 12
Kundenorientierung 101, 103
Kundenprojekte 40
Kundenverträge 40
Kurzprotokoll 104

Lastenheft 12, 49
Leistungen 23
Leistungsbereitschaft 116
Leistungsklima 34
Leistungskurve 106
Lernkurve 77
Lieferanten 40, 89
Listenpreis 45
Lob 113
Lost-order-Analysen 11
Lösungen 81, 125
Lösungsideen 126

Macht 112
MacLean 92
Management by Calling around 37
Management by Walking around 37
Managementfehler 76
Managementinformation 104
Manöverkritik 62, 80, 96, 101, 103
Marketing 115
Markt 15, 16
Marktattraktivität 51
Marktchancen 54
Markteinführung 47
Markteinführungskosten 46
Marktinformationen 43
Marktpotenzial 51
Marktpreis 45
Maschine 85
Masterplan 29, 34
Matrix 125
MBCA 37
MBWA 37
Meeting 26, 35, 96, 99, 100, 102
Mehrwert 17, 51
Meilensteine 16, 25, 28, 29, 35, 54, 90, 136
Meilenstein-Reports 37
Menschen 86, 92, 93, 95, 98, 127
Merkmale 6
Metaplantechnik 58

Metaplanwand 123
Methodik 92
Misserfolg 116
Mitarbeiter 20, 22, 35, 95
Modeerscheinungen 85
Moderation 100, 102
Moderator 96
moderieren 107
Morphologischer Kasten 125
Motivation 25, 56, 60, 79, 98, 109, 110, 112, 128
Motivation-Konflikte-Gap 128
Motivationskurve 128
Motivationsmittel 113
Motivatoren 110, 111, 113, 115
Motivieren 73, 79, 82, 109
Muss-Funktionen 51
Muss-Tätigkeiten 136
Mut 65

Ned Herrmann 92
NEIN 65, 106, 132
Netto-Verkaufspreis 45
Netzwerk 111
Niederlage 81
Nutzen 9

Offenheit 98
Online-Protokoll 89, 90, 100, 101, 102, 103, 136
Organisatoren 94
Organisatorische Beziehungen 84
Outsourcing 43
Over-Engineering 47, 51
Overheadfolien 101

Parallelisieren 32, 88
Path Methode 32
Pay-off-Zeit 46, 47, 53
permissive Verhalten 67
persönliche Anforderungen 2
persönlichen Autorität 60

PERT-Diagramm 31, 32
Pflegekosten 46
Pflichtenheft 13, 15, 50, 56
Pinwand 123
Planungsunterlagen 40, 83
Portfolio-Diagramm 54
Powerteam 90
Prämie 113
Präsentationen 100, 101, 102
Preis 18, 44
Priorisierung von Projekten 53
Prioritäten 20, 54, 106
Prioritäten der Projekte 24
Problembeschreibung 119
Probleme 11, 128
Problemlösungsprozesses 120
Process Evaluation Revue Technic 31
Produktmanagement 13, 49
Produktmanager 10, 47, 51
Produktänderungen 42
Produkte 50, 85, 89, 125
Produktentwicklungen 85
Produktideen 11, 17, 49, 54
Produkt-Ideen-Datenbank 54
Produktideen-Phase 12
Produktkosten 47, 48
Produktlebenszeit 46, 47
Produktlebenszyklus 52
Produktplanung 49
Produktpositionierung 17
Profil 70, 94
Profil eines Projektleiters 70
Projekt 7, 18, 27, 29, 73, 97, 133
Projektablauf 43
Projektabschluss 39, 134
Projekt-Abschlussbericht 134
Projektarbeit 22, 75, 88, 89, 95
Projektauftrag 9, 24
Projektcontrolling 56, 57
Projektdefinition 38
Projektdokumentation 37, 40

Projekt-Dokumentationsstruktur 38
Projektdurchführung 39
Projekte 54, 91, 92
Projekterfolg 2, 5, 6, 8, 21, 75, 80
Projektfallen 5
Projektführung 2
Projekt-Katastrophen 91
Projektkontrolle 38
Projektkosten 45, 46
Projektkultur 34, 75, 96
Projektlaufzeiten 87
Projektleiter 5, 7, 14, 18, 21, 23, 33, 60, 61, 62, 63, 64, 66, 67, 70, 72, 75, 78, 81, 83, 84, 93, 100, 106, 109, 133, 134, 138
Projektlenkungsausschuss 20, 24
Projektmanagement 62
Projektmeeting 35, 99, 102, 136
Projekt-Misserfolg 76, 91
Projektmitarbeiter 20, 75, 98
Projektnutzen 9
Projektordner 36, 136
Projektplan 27, 29, 34, 35, 88, 101, 102, 106, 136
Projektplanung 27, 38
Projektreport 37
Projektsitzung 56, 89, 134
Projekt-Stammordner 37
Projekt-Strukturplan 30, 31
Projektteam 19, 22, 60, 73, 83, 90, 132, 135
Projektziele 9, 13, 21, 25, 106
Protokoll 89, 100, 102, 103, 104
Protokollführer 89, 103
Prozesse 76
Psychologie 34
Pufferzeit 34, 136
Pünktlichkeit 74

Qualifikation 112
Qualität 47
Qualitative Bewertung 51

Quantitative Bewertung 52, 53
Quelle 11

Rahmenbedingungen 9, 10, 100, 102
Ranking 51
Rapid Prototyping 90
Rechnungen 84
Redezeit 101, 103
Referenzerlebnisse 76, 77
Regeln 96, 132, 134
Regeln der Zusammenarbeit 135
Reporting 41
Reports 37, 136
Reports bei relevanten Abweichungen 37
Repräsentant 20
Ressourcen 20, 22, 33, 51
Ressourcenbedarf 33, 135
Review 100, 102
Risiken 57, 58
Risikoanalyse 57, 58
Risikobewertung 58
Risikofaktor 58
ROI 52
ROI-Abschätzung 45
ROI-Rechnung 16, 52

Sachebene 66, 101, 103
Sägezahneffekt 90
Sammelvorgänge 30, 35
Schleifen 43
Schlüsselkompetenz 133
Schriftverkehr 41
Schriftwechsel 84
schwierige Situationen 127, 133
Schwierigkeiten 82, 92, 97, 128, 133, 137
sequenzielles Vorgehen 86, 87
Signale 129
Situation 94
SMS-Stil 105

Software-Tool 49
Soziale Kompetenz 133
Spaß 96, 115, 140
Sperry, Roger 92
Spinnerphase 121
Stammhirn 93
Stammteam 20
Stärken 106
Status 34, 114
Statusbericht 84
Stellenbeschreibung 83
Stellvertreter 20, 67, 83
Steuerung 84
Stichwörter 105
Stimmung 97, 101, 134
Stolz 115
Störungen 133
Strafe 123
Strategiemeeting 12
strategische Bedeutung 51
Streitkultur 97
Systematik 92
Szenario 52

Tagesgeschäft 90
Tagesziele 97
Target costing 18
Target pricing 18, 44
Taylorismus 86
Team 7, 22, 51, 59, 92, 109
Teamarbeit 85, 86, 87, 88, 90, 95, 98, 134
Teambildung 135
Teamfähigkeit 94, 135
Teamgeist 98
Teamidentifikation 135
Teamkultur 88
Teamzusammensetzung 94
Technik 16, 92
technische Gründe 91
Teilnehmer 99, 102
Teilprojekt 20

Teilprojekte 30
Teilprojekt-Leiter 30, 98
Teilverantwortung 56
Termine 13, 16
Terminplan 89
Tests 90
Themen 99, 100, 102
Time-to-Market 43, 47, 52, 76
Tools 89
Top-Produkt 86
Transferpreise 45

Überwachung 84
Umsatz 46
Unique Selling Proposition 17, 47
Unternehmen 18
Unternehmen auf Zeit 19
Unterteam 20
Ursachen 34
USP 17, 47

Verantwortlichkeiten 132
Verantwortung 20, 56, 84, 112, 117
Verantwortung für das Projekt 14
Verantwortungsmatrix 22
Verbindlichkeit 79, 82
Vereinbarungen 96, 116, 137
Verhalten 62, 70
Verhaltensmuster 95
Verhandlungen 84
Verlässlichkeit 114
Verlierer 67, 68
Verschärfter Wettbewerb 2
Vertragspunkte 83
Vertrauen 132
Vertraulichkeitserklärung 23
Vertriebsstärke 51
Vertriebswege 17
Videokonferenz 36, 37
Vier-Augen-Gespräch 101, 129
Visualisieren 101, 102
Visualisierung 29

Visualisierungsmethoden 30
Vitamin B 5
Vorbereitung 99, 100, 102
Vorbild 88, 114
Vorgaben 127
Vorgehensweise 26
Vorgesetzte 83
Voruntersuchungen 89

Wahrscheinlichkeit 58
Wert der Funktion 48
Wertanalyse 48, 51
Wertschätzung 75, 112
Wertschöpfung 107
Wertvorstellungen 74, 95
Wettbewerb 11, 51
Wettbewerberübersicht 51
Wettbewerbsangebote 47
Wettbewerbsprodukte 51
Wettbewerbsstärke 51
Wichtigkeit 48, 135
Win-order-Analysen 11
Win-Win-Führungsstils 69
Win-Win-Situation 69

Win-Win-Verhalten 69
Wirtschaftlichkeit 16, 42, 45, 46, 52, 54
Wirtschaftlichkeitsberechnung 17
Wirtschaftlichkeitsbetrachtung 46
Wissen 86
Word 104
Worst-case 18, 52

Zeitbedarf 88
Zeitfresser 106, 136
Ziel der Produktentwicklung 16
Ziele 7, 86, 99, 100, 102, 136
Zielerreichungsgrad 56
Zielerreichungsprämien 113
Zielgruppen 48
Ziel-Herstellkosten 18, 45, 47, 51
Zielkosten-Kontroll-Diagramm 48
Zielpreis 44, 47, 51
Ziel-Preis 18
Zielvereinbarungen 113
Zusammenarbeit 96, 132
Zusammensetzung 94
Zwischenhirn 93

153

Erlesene Weiterbildung®

Dipl.-Volksw. Max L. J. Wolf, Dr. Rudolf Mlekusch,
Dipl.-Wirtsch.-Ing. (FH) Gerhard Hab

Projektmanagement live

Instrumente, Verfahren und Kooperationen als Garanten des Projekterfolgs

6., überarb. Aufl. 2006, 286 S., zahlr. Abb., Tab. u. Checkl., CD-ROM, € 68,00, CHF 113,00
Edition expertsoft 21
ISBN 978-3-8169-2604-7

Zum Buch:
In Projekten gilt es, viele Arten von Prozessen (wie z.B. Vertrags-, Teambildungs-, Planungs-, Änderungs- und technische Prozesse) wirkungsvoll und zielorientiert zu formen. Prozesse in Projekten zu gestalten, ist heute ein entscheidendes Instrument, Kundennähe und Qualität sicherzustellen, Durchlaufzeiten zu verkürzen und Kosten zu senken. Projektmanagement verfügt über geeignete Vorgehensweisen, Methoden und Werkzeuge, die den Ansprüchen einer flexiblen Firmenorganisation gerecht werden.
Das Buch zeigt praxisnah auf, wie alle Prozesse eines Projektes in ihrer Gesamtheit gestartet, geplant, geregelt und beendet werden, und bietet dazu viele konkrete Beispiele und Checklisten.

Die Themenschwerpunkte sind:
– Was ist ein Projekt, und was ist Projektmanagement?
– Wie wird aus einer Kette von Prozessen ein erfolgreiches Projekt?
– Welche Faktoren spielen beim Start eines Vorhabens die entscheidende Rolle?
– Wie wird eine Projektplanung systematisch betrieben?
– Wie werden unvorhergesehene Situationen gesteuert und geregelt?
– Worauf kommt es beim Einsatz von Softwarewerkzeugen in der Projektarbeit an?
– In welchen Bereichen ist der Einsatz von Projektmanagement sinnvoll?
– Wird bei der »Installation von Projektmanagement« auch projektorientiert vorgegangen?

Die Interessenten:
Alle Projektmitglieder, Projektleiter, Ingenieure und Controller, die mit Projektarbeit den Erfolg der gestellten Aufgabe sichern müssen.

Fordern Sie unser Verlagsverzeichnis auf CD-ROM an!
Telefon: (0 71 59) 92 65-0, Telefax: (0 71 59) 92 65-20
E-Mail: expert@expertverlag.de
Internet: www.expertverlag.de

expert verlag GmbH · Postfach 2020 · D-71268 Renningen

Erlesene Weiterbildung®

Dipl.-Ing. Peter Kairies

Professionelles Produktmanagement für die Investitionsgüterindustrie

Praxis und moderne Arbeitstechniken

9., neu bearb. Aufl. 2009, 225 S., 87 Abb., zahlr. Checkl., € 44,00, CHF 73,00
Kontakt & Studium 403
ISBN 978-3-8169-2923-9

Zum Buch:
Mit den branchenübergreifenden Veränderungen auf den internationalen Investitionsgütermärkten wächst auch die Bedeutung eines professionellen Produktmanagements. Das Buch gibt Ihnen Impulse, Anregungen, praktische Hinweise und Ideen.
Sie erfahren, wie Sie die Instrumente des modernen Produktmanagements gezielt einsetzen, wie Sie die relevanten Informationen über Markt, Kunden, Wettbewerb und Produkte beschaffen, effizient darstellen und wirkungsvoll nutzen, wie Sie systematisch Anforderungsprofile konzipieren und damit die Voraussetzungen für den Erfolg neuer Produkte schaffen, wie Sie mit Simultaneous Engineering Entwicklungszeiten verkürzen, wie Sie Produkt-Marketing-Strategien erarbeiten und durchsetzen und wie Sie neue Produkte erfolgreich in den Markt einführen.
Zahlreiche Beispiele, Checklisten, Charts und Arbeitsformulare helfen Ihnen, das Gelernte sofort in die Praxis umzusetzen.

Inhalt:
– Warum ein professionelles Produktmanagement lebenswichtig ist
– Lösen Sie Innovationsblockaden auf
– Wie ein modernes Produktmanagement funktioniert
– Die Basis für ein erfolgreiches Produktmanagement: Informationen richtig erfassen, auswerten, visualisieren und nutzen
– Wie Sie innovative Produktideen finden und erfolgreich realisieren
– Wie Sie Entwicklungsprojekte optimal begleiten und die Zeit von der Definitions- und Entwicklungsphase bis zur Profitphase verkürzen
– Wie Marketing die Erreichung von Unternehmenszielen unterstützt
– Wie Sie neue Produkte erfolgreich in den Markt einführen
– Outphasen von Produkten
– Controlling-Aufgaben im Produktmanagement
– Tipps, wie Sie als Produktmanager motiviert bleiben

Die Interessenten:
– Produktmanager
– Leiter oder Mitarbeiter in Marketing, Vertrieb, Forschung und Entwicklung

Fordern Sie unser Verlagsverzeichnis auf CD-ROM an!
Telefon: (0 71 59) 92 65-0, Telefax: (0 71 59) 92 65-20
E-Mail: expert@expertverlag.de
Internet: www.expertverlag.de

expert verlag GmbH · Postfach 2020 · D-71268 Renningen

Erlesene Weiterbildung®

Dipl.-Ing. Peter Kairies

So analysieren Sie Ihre Konkurrenz

Konkurrenzanalyse und Benchmarking in der Praxis

8. Aufl. 2008, 180 S., € 39,00, CHF 64,50
Kontakt & Studium 519
ISBN 978-3-8169-2849-2

Zum Buch:
Es gibt Ihnen einen umfassenden Überblick über praxisgerechte Methoden und neue Tools, mit denen Sie Konkurrenzinformationen beschaffen, analysieren, wirkungsvoll präsentieren und gezielt verwenden können. Sie gewinnen gebündeltes Know-how, wie Sie mit neuen Informationsquellen relevante Daten über Wettbewerb und Best-of-Class gewinnen, Schwächen Ihrer Konkurrenten gnadenlos aufdecken und zum eigenen Vorteil nutzen, mit PC-gestützten Tools viel Zeit sparen, wie Sie ein Konkurrenzüberwachungs-System aufbauen und damit immer einen Schritt voraus sind, sich mit der richtigen Systematik jederzeit Transparenz verschaffen und einen schnellen Zugriff auf aktuelle Wettbewerbsdaten sichern, eine pflegeleichte Wettbewerbsdatenbank aufbauen, die sechs Stufen des Benchmarking-Prozesses implementieren, gewonnene Konkurrenzinformationen und Benchmarks gezielt in verschiedenen Unternehmensbereichen nutzen und mit welchen Strategien Sie sich erfolgreich gegen Low-Cost-Anbieter durchsetzen können.
Sie erhalten Impulse, konkrete Hilfen und Anleitungen für Ihre Praxis. Alle notwendigen Tools werden vorgestellt, und ihre Anwendung wird erklärt. Beispiele zeigen Ihnen, »wie andere es machen«. Checklisten und Arbeitsblätter ermöglichen Ihnen, das Gelernte sofort in die Praxis umzusetzen. Im Anhang finden Sie hilfreiche Adressen von Datenbankanbietern und wichtigen Dienstleistern.

Inhalt:
Warum permanente Konkurrenzbeobachtung immer lebenswichtiger wird – Stand der Konkurrenzforschung in deutschen Unternehmen – Ziele und Aufgaben der Konkurrenzanalyse – Aufbau eines Konkurrenz-Überwachungs-Systems – Wie Sie relevante Wettbewerbsinformationen gewinnen – Was Sie über Ihren Wettbewerb wissen sollten – Techniken zur Auswertung und Präsentation von Konkurrenzanalysen – Fallbeispiel: Durchführung einer internationalen Wettbewerbsanalyse – Organisatorische Voraussetzungen – Wie Sie eine Wettbewerbsdatenbank aufbauen – Wie Sie Konkurrenzinformationen in erfolgreiche Vertriebs-, Marketing- und Wettbewerbsstrategien umsetzen – Benchmarking: Orientieren Sie sich am Besten – Konkurrenzanalyse: Ihr Unternehmen auf dem Prüfstand

Die Interessenten:
Das Buch richtet sich an Mitarbeiter und Leiter aus Marketing, Produktmanagement, Marktforschung, Vertrieb, F & E, Konstruktion, Qualitätssicherung – an Einsteiger und alte Hasen.

Fordern Sie unser Verlagsverzeichnis auf CD-ROM an!
Telefon: (0 71 59) 92 65 - 0, Telefax: (0 71 59) 92 65 - 20
E-Mail: expert@expertverlag.de
Internet: www.expertverlag.de

expert verlag GmbH · Postfach 2020 · D-71268 Renningen